Biblia de la Inteligencia Emocional

Una Colección de 8 Libros en 1 – Inteligencia Emocional, Ansiedad Social, Introvertidos y Citas, Hablar en Público, Confianza, Cómo Hablar con Quién Sea, Habilidades Sociales y Terapia Cognitivo Conductual

ISBN-13: 978-1-953149-10-7

Copyright © 2020 Publicado por: Jackson Barker

Second Paperback Edition: June 2020
First Paperback Edition: December 2019

TODOS LOS DERECHOS RESERVADOS

Ninguna parte de esta publicación puede ser reproducida, almacenada en un Sistema de recuperación o transmitida de ninguna forma o por ningún medio, electrónico, mecánico, fotocopia, grabación, o de otro modo, sin autorización escrita del editor.

Aviso Legal:

Este libro está protegido por derechos de autor. Este libro es solo para uso personal. No puede enmendar, distribuir, vender, usar, citar o parafrasear ninguna parte o el contenido de este libro sin el consentimiento del autor o editor.

Aviso de exención de responsabilidad:

Tenga en cuenta que la información contenida en este documento es solo para fines educativos y de entretenimiento. Se han realizado todos los esfuerzos para presentar información completa, precisa, actualizada y confiable. No se declaran ni implican garantías de ningún tipo. Los lectores reconocen que el autor no participa en la prestación de asesoramiento legal, financiero, médico o profesional. El contenido de este libro se ha derivado de varias fuentes. Consulte a un profesional con licencia antes de intentar cualquier técnica descrita en este libro. Al leer este documento, el lector acepta que bajo ninguna circunstancia el autor es responsable de las pérdidas, directas o indirectas, que se incurran como resultado del uso de la información contenida en este documento, incluidos, entre otros, - errores, omisiones o inexactitudes.

Free Audiobooks

Jackson Barker has partnered with AudiobookRocket.com!

If you love audiobooks, here is your opportunity to get the NEWEST audiobooks completely FREE!

Thrillers, Fantasy, Young Adult, Kids, African-American Fiction, Women's Fiction, Sci-Fi, Comedy, Classics and many more genres!

Visit AudiobookRocket.com!

LIBRO 1. INTELIGENCIA EMOCIONAL — 1

- Introducción — 2
- Capítulo 1. ¿Qué es Inteligencia Emocional? — 7
- Capítulo 2. Aumentar Tu Inteligencia Emocional — 16
- Capítulo 3. Inteligencia Emocional en la Infancia Temprana — 23
- Capítulo 4. Peligros de la Inteligencia Social Reducida — 27
- Capítulo 5. Dar y Recibir Opiniones — 32
- Conclusión — 38

LIBRO 2. ANSIEDAD SOCIAL — 39

- Introducción — 40
- Capítulo 1. La verdad sobre la ansiedad social — 44
- Capítulo 2: Enfrentando la ansiedad social — 52
- Capítulo 3: Ejercicios prácticos para combatir la ansiedad social — 63
- Conclusión — 69

LIBRO 3. INTROVERTIDOS Y CITAS — 70

- Introducción — 71
- Capítulo 1. Vístete para el éxito — 73
- Capítulo 2. El poder de la mentalidad — 78
- Capítulo 3. Saliendo al mundo real — 83
- Capítulo 4. La cita — 88
- Conclusión — 94

LIBRO 4. HABLAR EN PÚBLICO — 95

- Introducción — 96
- Capítulo 1. Entendiendo la importancia de hablar en público — 101
- Capítulo 2. La importancia de construir confianza — 106
- Capítulo 3. Creación y entrega del discurso — 114
- Capítulo 4. Dominar el discurso público con 10 estrategias simples — 123
- Capítulo 5. Desarrollando y dominando las habilidades de persuasión — 130
- Conclusión — 136

LIBRO 5. CONFIANZA — 137

- Introducción — 138
- Capítulo 1: Mi vida siendo tímido — 144
- Capítulo 2: Entendiendo la timidez y la ansiedad — 146
- Capítulo 3. Lidiando con ansiedad desencadenada socialmente y manejando la timidez — 152
- Capítulo 4: Superando la timidez en el trabajo — 158
- Capítulo 5: Superando la ansiedad en entornos sociales — 163
- Conclusión — 176

LIBRO 6. CÓMO HABLAR CON CUALQUIER PERSONA — 177

- Introducción — 178
- Capítulo 1: Comunicación y desarrollo — 182
- Capítulo 2: Guía básica para buenas conversaciones: Qué hacer y Qué no — 187
- Capítulo 3: Los 58 mejores Temas para tener conversaciones fáciles e interesantes — 192
- Capítulo 4: Conversación puesta en práctica — 206
- Capítulo 5: Ir más allá con el poder de la conversación — 210
- Conclusión — 216

LIBRO 7. HABILIDADES SOCIALES — 217

- Introducción — 218
- Capítulo 1: Combatiendo la timidez — 221
- Capítulo 2: Cómo mejorar tus habilidades conversacionales — 228
- Capítulo 3: Cómo desarrollar tu carisma — 234
- Conclusión — 241

LIBRO 8. TERAPIA COGNITIVO CONDUCTUAL — 242

- Introducción — 243
- Capítulo 1. ¿Qué es la Terapia Cognitivo Conductual? — 248
- Capítulo 2. El Modelo Cognitivo Conductual — 251
- Capítulo 3. Acercarse a la TCC Paso a Paso — 258
- Capítulo 4. Cómo Manejar los Pensamientos Intrusivos — 275
- Capítulo 5. Desafiando las suposiciones y creencias disfuncionales — 284
- Conclusión — 294
- Una Última Cosa... — 295

Libro 1. Inteligencia Emocional

Inteligencia Emocional: Una Guía para Dominar las Habilidades Sociales, Mejorar Tus Relaciones, Incrementar Tu CE y el Dominio Propio para el Éxito en la Vida y en Los Negocios

Introducción

La corriente general de pensamiento para ser exitoso en la vida, en las relaciones y obtener verdadera riqueza era asistir a una prestigiosa universidad, obtener buenas notas, trabajar arduamente y ser bendecido con un alto coeficiente intelectual. La mayoría, incluso asume que si uno está bendecido con un alto CI, las probabilidades de ser exitoso son significativamente más altas.

Toda tu vida te han hecho creer que ese es el camino directo al éxito. Pero la verdad es que solamente te han mostrado una parte de la ecuación porque el éxito es el producto de muchas variables diferentes.

Sin embargo, uno de los factores más cruciales y determinantes es tu capacidad de controlar no sólo tus emociones sino también las de los demás.

La inteligencia emocional, también conocida como coeficiente emocional, es definida como la capacidad que tiene un individuo para reconocer y controlar sus emociones y las de los demás.

Este concepto puede ser entendido fácilmente silo dividimos en dos componentes simples.

1. Reconocer las intenciones, emociones, deseos y metas que tienes para ti mismo, así como las metas de los demás.
2. Manejar estas emociones y acciones para lograr el resultado más conveniente para todos los involucrados.

La inteligencia emocional empezó a ganar popularidad debido a un prestigioso autor, llamado Daniel Goleman, quien publicó su libro "Inteligencia Emocional" en 1995. Su libro popularizó el concepto de inteligencia emocional. Previo a que la inteligencia emocional fuera expuesta al ojo público, el coeficiente intelectual o CI era considerado el único y mayor factor determinante de evaluar las capacidades de un individuo.

Aunque, teóricamente este enfoque parecía funcionar en un salón de clases controlado y en el mundo académico, al momento de enfrentar el mundo real, donde las carreras, trabajos y negocios están llenos de personas que piensan "si yo no puedo tenerlo, tú tampoco", no tiene ninguna posibilidad de funcionar.

A medida que la inteligencia emocional ganaba popularidad, el CI fue obligado a hacer espacio para una forma novedosa de evaluar las probabilidades de éxito de las personas.

Aunque, en teoría, este enfoque parecía genial en papel, navegar el despiadado mundo real se basa en un conjunto de habilidades completamente diferentes de lo que tradicionalmente se enseña en el aula. Con el tiempo, ha sido demostrado que el título universitario de una persona no siempre garantiza o la relaciona directamente con un salario bien remunerado o con la creación de un negocio exitoso y rentable.

Habiendo dicho eso, toma mucho más que la inteligencia para que alguien tenga éxito en la vida y en los negocios. De hecho, ha sido demostrado que la combinación de habilidades como las conversacionales, sociales, comunicativas y emocionales son factores clave para tener mayor probabilidad de éxito. Aunque muy interesantes, ninguno de estos factores se aprende en el salón de clases, sino teniendo experiencias en las que las interacciones sociales son necesarias. Los ejemplos de esto son más comunes de lo que uno podría pensar, y las lecciones valiosas se ocultan a plena vista; trabajar como mesero o bartender, participar en deportes de equipo, unirse a un grupo, ser voluntario e incluso quedarse en hostales donde las habitaciones y los espacios comunes son compartidos. Estas interacciones sociales son espacios para que uno aprenda a tener el poder de recuperar cada vez más ante las dificultades de la vida, a trabajar en equipo, la capacidad de lidiar mejor con el cambio, a manejar conversaciones difíciles, a construir confianza con los demás rápidamente, así como afinidad y también a ser un líder más fuerte y respetado.

Si aún piensas que el CI es el factor determinante del éxito en general de una persona, te reto a que mires no más allá de los mejores CEOs de grandes organizaciones, emprendedores exitosos, presidentes y líderes. Algunos de los negocios más exitosos y reconocidos fueron fundados por personas que dejaron la Universidad, no por graduados de Stanford, el MIT o Harvard. Me atrevo a decir que es muy probable que cada persona a la que admiras por su éxito y capacidad de tener una vida bien balanceada, no son graduados de una Universidad prestigiosa. Por ninguna razón estoy diciendo que la inteligencia por sí sola es menos importante. Tampoco te estoy recomendando dejar la escuela y dedicarte a estudiar la psicología humana. Si eres naturalmente bendecido con un alto coeficiente intelectual y habilidades cognitivas, es genial, pero, como ahora sabes, eso es solo una parte de la ecuación del éxito. Si puedes complementar tus ya sobresalientes habilidades cognitivas con una elevada inteligencia emocional, tendrás la capacidad de lograr grandes cosas. Piénsalo, muchísimos CEOs, fundadores de una de las compañías del Fortune 500, líderes mundiales e individuos increíblemente exitosos son personas que dejaron la secundaria... Si la clave para ser exitoso estuviera únicamente basada en la inteligencia, ¿cómo explicarías su éxito?

Ahora, si a mí me dieran a escoger entre tener una gran inteligencia emocional o simplemente un alto CI, sin duda escogería la inteligencia emocional. Lo veo tan simple como esto: Una persona con una gran inteligencia y una inteligencia emocional menos desarrollada tendrá problemas y menos oportunidades de tener éxito en el mundo actual comparada con alguien con una inteligencia emocional bien desarrollada e inteligencia promedio. Cuando eres capaz de manejar a las personas, entender sus emociones, saber qué los provoca, qué los motiva y manejar sus sentimientos, serás, por mucho, más exitoso en la vida. El nombre del juego es manejo de personas. Los humanos son emocionales por naturaleza, no lógicos y las emociones los manejan. Una vez que te das cuenta de esto, serás capaz de maniobrar ágilmente por la vida.

Digamos que tienes un equipo en el que cada uno tiene una tarea que es muy técnica y necesita conocimiento especial cada día. Como líder, guiar a tu equipo con tu experiencia y conocimiento técnico los ayudará a completar sus tareas, pero ¿qué hay con el tema de mantener a tu equipo motivado? Entender qué emociones los motiva es la clave para mantenerlos inspirados a hacer su mejor trabajo, ser más productivos y estar motivados. Eso es inteligencia emocional. La mejor parte de esta cualidad es que cualquiera puede aprenderla, incluyéndote. Sin importar qué ganaste en tu lotería genética o lo que algunos llaman destino, sin importar la inteligencia hereditaria, la inteligencia emocional se puede adquirir teniendo una visión clara, práctica y un poco de motivación.

Hay muchas que cosas que no puedes controlar en la vida, pero sí tienes el poder y la capacidad de decidir cómo reaccionar de cara a los retos y cambios que se te presentan. El objetivo de este libro es resaltar los aspectos importantes de la inteligencia emocional y cómo puedes empezar a usarlos a partir de este momento. Lo que alguna vez creíste que solamente era un sueño de alcanzar el éxito, puede convertirse en una realidad a medida que develamos técnicas prácticas para incrementar tu coeficiente emocional y eventualmente mejorar tus probabilidades de éxito.

Así que, si estás buscando una forma de no solamente ser la versión más fuerte de ti, ser exitoso de la forma más positive y también influenciar a otros para que también puedan ser una mejor versión de ellos, entonces cultivar la poderosa capacidad de inteligencia emocional es la mayor prioridad. Este libro te enseñará ejercicios que puedes implementar hoy para desarrollar y entrenar tu inteligencia emocional rápidamente. Tú eres el autor de tu propia vida, continúa leyendo si estás listo para cambiar y vivir una vida llena de éxito.

Capítulo 1. ¿Qué es Inteligencia Emocional?

Elaine y Jessica son dos maestras en una escuela primaria; tratar con niños con problemas está dentro de la descripción de su trabajo. Las dos tienen que mantener un aula llena de niños lo suficientemente tranquilos para que el proceso educativo transcurra sin problemas, desafortunadamente, uno de los niños siempre termina haciendo un berrinche. En su salón de clases, Jessica y Elaine estaba un niño llorando después de que un compañero de clases se negó a prestarle un artículo. En el aula de Jessica, a Bruce se le negó un bolígrafo mágico y en el aula de Elaine, a Rosie se le negó una regla con líneas brillantes. Una situación como esta es una gran fuente de frustración y estrés para todos los maestros.

Para hacer que Bruce se calme, Jessica cree que la disciplina es la clave y lo regaña severamente, mostrando su disgusto. Luego procede a castigar el mal comportamiento de Bruce.

A Elaine, por otro lado, le gusta confiar en la comunicación. Habla tranquilamente con Rosie, la niña molesta, y la calma antes de conversar con ella para determinar qué la empujó a actuar de la manera que lo hizo. Después de algunas palabras con la niña, descubre que tenía envidia de la brillante regla de su compañera de clases y quería usarla también. Cuando le negaron el artículo a Rosie, se sintió frustrada. Elaine procede a decirle por qué está mal lidiar con sus sentimientos haciendo un berrinche y que no soluciona nada. Ella le explica a Rosie que debe aceptar la decisión de su compañera de clases y tratar de volver a preguntar amablemente, ofreciéndole prestarle un buen artículo a cambio.

Jessica no puede manejar las emociones negativas de los niños pequeños y aunque su enfoque puede intimidar al niño a un estado más tranquilo, no cambia mucho a largo plazo y desperdicia una oportunidad perfecta para enseñarle una lección valiosa.

Elaine, sabe que hay una razón para el comportamiento de Rosie. Elaine trata de comprender la emoción que desencadenó el berrinche, ayudando a Rosie a comprenderla también mientras está en ello. Entonces, Elaine le enseña a lidiar con esa emoción. De esta manera, ella está lidiando con sus propios problemas de un niño llorando en el proceso.

En la situación anterior, ambas maestras enfrentaron la misma situación de tener a un niño molesto en sus manos, pero lo enfrentaron de maneras muy diferentes. Elaine era empática con Rosie y resolvió el problema desde las raíces al ayudarla a enfrentar y comprender sus emociones, mientras que Jessica solo se preocupaba por calmar a Bruce lo suficiente como para continuar con su lección.

Eso es inteligencia emocional en pocas palabras. La capacidad de identificar tus emociones y las de las personas que te rodean y manejarlas de una manera positiva y productiva.

Si buscas el significado de la inteligencia emocional en el diccionario, encontrarás la siguiente definición o alguna variación: "La capacidad de ser consciente, controlar y expresar las propias emociones, y de manejar las relaciones interpersonales de manera juiciosa y empática" ¿Pero qué significa eso?

A primera vista, puedes pensar que suena muy básico. Sabemos lo que sentimos y podemos manejar nuestras relaciones muy bien. Y claro, podrías ser alguien que se considera emocionalmente inteligente, pero también existe la posibilidad de que lo hagas de la manera incorrecta. Volvamos a esa definición y veámosla lentamente.

"La capacidad de ser consciente de... las emociones".

Esto significa que debes tener la capacidad de reconocer una emoción en el momento en que las sientes. Lo más importante es que puedes detectar rápidamente una emoción negativa y hacer algo al respecto antes de reaccionar. Identificar la emoción es el primer paso para lidiar con ella.

En la vida práctica, piensa en esos momentos que sentiste algo intensamente. Quizás, un miembro de tu familia te sacó de tus cabales al molestarte. O tal vez un colega te culpó por el retraso que él causó. Si te tomas un momento para pensar en lo que sientes, lo más probable es que llegues a la conclusión de que se trata de ira o frustración.

Siempre tómate el tiempo para identificar la emoción en cuestión. Si no puedes señalarla, intenta recordar la última vez que sentiste esto. Intenta pensar en lo que desencadenó esa emoción y por qué es tan intensa.

Controlar tus emociones

"La capacidad de... controlar... tus emociones."

¿Has oído hablar del manejo de la ira? Ese es un aspecto del control emocional que se ha vuelto bastante popular últimamente a medida que las personas han empezado a reconocer la importancia de la inteligencia emocional. Sin embargo, ira no es la única emoción que se puede manejar. Cualquier emoción negativa debe mantenerse bajo regulación. Seamos honestos, a veces incluso las emociones positivas no son apropiadas en ciertas situaciones y deben ser controladas.

Escenarios Plausibles

Todos hemos pasado por una situación en la que perdemos la paciencia. Quizás te enojaste muchísimo con tu sobrino que esparció sus legos por todo el piso y te resbalaste porque pisaste uno; ¡el dolor puede provocar reacciones de las que no sabías que eras capaz!

Estabas caminando por los pasillos de tu empresa y te sorprendió la aparición de un colega al doblar una esquina y dejaste escapar un improperio. ¡Estabas asustado, las palabras se te escaparon de la boca antes de que supieras lo que estaba diciendo!

No estamos orgullosos de esos momentos, pero suceden. Pero tienes que saber que si bien, es posible que no puedas controlar cómo te sientes, todavía tienes la capacidad de controlar tu reacción a esos sentimientos.

Cuando te sientas abrumado por algunos sentimientos, detente. Tómate un momento para identificar ese sentimiento. Piensa por qué te impacta tanto. Piensa en cómo estabas a punto de reaccionar y luego analiza el impacto de esa reacción en tu vida. Lo más probable es que no quieras reaccionar de esa manera. De hecho, la mayoría de las personas han expresado su incomodidad después de una reacción espontánea.

Sugerencias prácticas

1). *En lugar de reaccionar inmediatamente a partir de un comportamiento irracional y emocional, lentamente cuenta hacia atrás desde cinco y respira profundamente entre cada número. Esto te dará una pausa y la oportunidad de calmarte.*

2). *Si te enfrentas a una situación en la que sientes que quieres darle a alguien un buen latigazo, saca un papel y escribe todo lo que quieras decir y luego séllalo en un sobre. Espera un día y luego mira cómo te sientes acerca de la situación.*

Expresar tus emociones

"La capacidad de... expresar tus emociones."

Aunque debes controlar tu reacción inmediata a tus emociones, mantenerlas reprimidas nunca es una buena idea. En cambio, expresa tus emociones de una forma productiva y úsalas como fuente de motivación.

Cada emoción puede ser útil una vez que la identificas y te tomas el tiempo para pensar en tu reacción.

Cierra los ojos y piensa por un momento; debe haber habido un momento en tu vida en el que te dijeron que tu trabajo no era lo suficientemente bueno o que nunca tendrías éxito y pensaste "¡Mírame, demostraré que estás equivocado!".

¿Ves cómo usaste la negatividad de ser menospreciado, la convertiste en despecho y usaste esa misma emoción como motor para lograr tus objetivos?

Seguramente conoces a alguien que trabaja bien bajo presión, si tú no eres una de esas personas. Los ves postergar durante una semana y luego trabajar sin parar durante todo el fin de semana y sorprendentemente logran hacerlo. Así mismo, algunas personas pueden tener un colapso cuando se ven superadas por el estrés, esas personas lo usan como motivación para hacer las cosas.

Tú también puedes hacerlo, canalizar esa emoción y usarla como fuente de inspiración.

Manejar tus relaciones interpersonales

"...Manejar de forma juiciosa y empática las relaciones interpersonales"

Para manejar tus relaciones interpersonales, necesitas algunos ingredientes clave. Empatía y habilidades sociales. La primera, te permite entender la emoción que abruma a otra persona. Lo segundo, te permite trazar un camino para ayudarlos a manejar esa emoción.

Empatía

Empatía es la capacidad de sentir, entender e identificarse con las emociones de otras personas. Ser capaz de ponerte en los zapatos de los demás y ver las cosas desde su perspectiva, es considerada uno de los pilares de la Inteligencia Emocional.

La has visto antes. Cuando una persona deja escapar un "Ouch" porque alguien que estaba pasando resbaló y se cayó. Alguien llorando de misericordia con un amigo luego de algún evento doloroso. Debes mostrar empatía con alguien en algún punto de tu vida, o tal vez estar en el extremo receptor.

Si bien ayudar a las personas es un acto grandioso y desinteresado, la empatía con alguien demuestra que estás preparado para hacer un esfuerzo adicional y estar allí para esa persona. Demuestra que te importa. También te permite identificar la emoción que sienten actualmente y, como se mencionó anteriormente, ese es el primer paso cuando se trata de emociones.

Para usar la empatía a tu favor, observa a la persona en cuestión. Intenta pensar qué la hizo sentir de la forma en que se siente para reconocer la emoción y piensa en cómo te sientes tú cuando la misma emoción te abruma.

Habilidades Sociales

Una vez que hayas detectado la emoción, estás listo para hacer algo al respecto. Estas habilidades son útiles cuando estás lidiando con otra persona, sin importar el entorno. Si quieres ayudar, debes hacerlo con gracia y eficiencia. Ayuda a esa persona a usar sus emociones a su favor y asegúrate de que lo estás haciendo de manera inteligente. Ser demasiado blando o demasiado fuerte puede llevarlos a cerrarse y todos tus esfuerzos serán en vano.

Las Habilidades Sociales también son necesarias cuando lidias con personas en un entorno donde sólo tienen que interactuar. Los buenos modales, el carisma y la amabilidad son todas características de líderes y de aquellas personas que son populares, respetadas y con quienes la gente quiere volver a interactuar luego. No es un secreto que si quieres ser popular, practicar estas estas cualidades pueden llevarte por el camino correcto.

Modelo de Capacidad CE

Para muchos expertos, la Inteligencia Emocional se basa en capacidades. Eso significa que tu inteligencia emocional es determinada por tu capacidad de percibir emociones, usar emociones, entender emociones y manejar emociones.

Este conjunto de capacidades te permitirán medir tu CE y determinar las áreas en las que estás fallando, para que puedas mejorarlas.

Percibir Emociones

En la definición de Inteligencia Emocional, hablamos sobre ser consciente de las emociones. Puedes percibir emociones en ti mismo por tu estado físico, sentimientos y pensamientos, mientras que, para percibir emociones en otras personas, solamente puedes apoyarte en el lenguaje, expresiones faciales, tono de voz y lenguaje corporal.

Trata de prestar atención a estas señales para determinar la emoción correspondiente.

Usar emociones:

Es la habilidad de usar tus emociones y las de los demás a tu favor. Hablamos sobre usar las emociones como Fuente de motivación, ¿pero qué hay de los demás? Piensa en cuando querías preguntarles algo a tus padres y esperabas hasta que ellos estuvieran descansados y de buen humor para plantear lo que querías. ¿Ya entiendes? Usabas sus emociones positivas a tu favor porque sabías que era más probable obtener lo que querías.

Entender emociones:

El proceso de entender emociones va desde identificar la emoción hasta entender el razonamiento detrás de esa emoción, significando qué la desencadena y la potencial reacción a esa emoción.

Entender una emoción te ayuda a tomar las medidas apropiadas para lidiar con ella.

Manejar Emociones:

Y esto incluye controlar tus emociones. Responder a ellas apropiadamente y responder a las emociones de otras personas.

Mientras que el Modelo de Capacidad CE es ligeramente diferente a la definición usada anteriormente, puedes ver que es muy similar y comparte los aspectos principales.

Capítulo 2. Aumentar Tu Inteligencia Emocional

Según expertos, el CE representa la mitad de tu éxito en la vida. Algunos aseguran que es incluso más importante que el CI y, en un mundo donde la mayoría de las actividades están envueltas en interacción humana, esto no es una sorpresa, que es precisamente por qué es necesario aumentar la inteligencia emocional.

Puede que te preguntes... "¿Cómo aumentar la inteligencia emocional?"

Para aumentar tu CE, tienes que trabajar en algunos aspectos.

Aumentar tu estado de consciencia:

Ser auto-consciente fortalece el carácter y la integridad. Esas son cualidades que la gente encuentra deseables y creen que hace que una persona sea confiable.

Para aumentar tu auto-consciencia, tienes que ser objetivo y honesto contigo mismo cuando trates de evaluarte. Mantente abierto a la idea de que solamente eres un ser humano que puede cometer errores y que siempre tiene la habilidad de mejorar. Trata siempre de ver tus defectos o áreas en las que podrías mejorar. Si encuentras esto difícil de auto-analizar, simplemente pídeles a otros que señalen esas cosas por ti, honestamente. Puede ser un poco desafiante para ti notar tus defectos, pero es importante para tu progreso a largo plazo. La auto-consciencia también te ayuda a conocerte como persona; lo que te gusta, disgusta y puede ser una forma de poner fin a malos hábitos que puedes haber adoptado a lo largo de los años. Lo bonito de esto es que es como "limpiar la casa" para tu claridad mental. Piensa en eso como sacar lo viejo para hacer espacio a lo nuevo. Luego de priorizar el desarrollo de las cualidades que quieres resaltar y tomar una decisión consciente de dejar los malos hábitos, tendrás un agarre firme de las cosas que son más importantes en tu vida.

Sugerencias prácticas

1. *Llevar un diario te ayudará a hacer seguimiento de lo que descubierto de ti mismo. Es muy fácil ignorar tus pensamientos, que es la razón por la que escribirlos en papel te da un camino claro para hacer seguimiento de tu comportamiento. Haz ajustes cuando sea necesario, las cosas siempre son más claras en retrospectiva.*

2. *A medida que surgen las emociones, toma nota de tus reacciones psicológicas. ¿Tu corazón late más rápido de lo normal? ¿Te sientes más enfocado? Quizás sudas repentinamente.*

Empieza a etiquetar tus emociones para determinar qué acciones están asociadas con estas emociones. Cuando empieces a sentir que una emoción te abruma, haz un esfuerzo honesto para identificarla y cuál es la raíz de su causa. ¿Sientes ira, ansiedad, depresión, miedo, sorpresa o quizás una combinación de todos?

En una hoja de papel, dibuja una línea en el medio para dividirla en 2 columnas. En la parte superior izquierda, escribe "Emociones" y en la parte derecha escribe "Desencadenante". Ahora puedes anotar cada emoción que surge y el desencadenante que la causó. Pronto tendrás una lista de desencadenantes que te hicieron sentir emociones positivas o destructivas, cosas que te hacen sentir feliz o molesto.

Por ejemplo, ¿alguna vez has sentido celos? Sé que sí. Pueden haber sido provocados porque alguien era exitoso que tú. Escribir esto en papel sentará el camino para que tu auto-consciencia se incremente.

Quizás incluso has sentido una desconcertante inquietud por una persona, pero sin ninguna razón particular. Esta persona tiene una hermosa familia, todas las cosas de lujo que quieres, pero un carácter humilde y respetuoso. El sentimiento que descubres es celos irracionales. En lugar de sentir aversión por esta persona y la vida que lleva, siéntete feliz por ella. La realidad es que esa persona es humana y seguramente ha luchado lo suficiente para lograr obtener lo que tiene en su vida.

En cualquier momento de nuestra vida humana, tenemos la bendición de experimentar un espectro de emociones. Es lo que nos hace sentir vivos. Es lo que nos hace humanos.

Es beneficioso conocer esta información porque luego de etiquetar cada emoción, también puedes fortalecer el poder de manejar estas emociones.

Habiendo dicho eso, la única manera en la que puedes optimizar y desarrollar tu inteligencia emocional es cuando estás consciente de tus propios sentimientos.

¡Sugerencias prácticas!

Identifica las áreas principales de desarrollo que necesitas mejorar.

- Como se mencionó anteriormente, escucha las opiniones de tus amigos, familiares y aquellas personas en las que confías y con las que interactúas constantemente.
- Haz una lista de todas tus fortalezas y debilidades.
- Toma una evaluación psicológica de personalidad que sea certificada para revelar mejor tus capacidades, limitaciones, valores y habilidades.

Conviértete en un experto en Ti Mismo.

Una vez que seas capaz de identificar tus propias emociones, reconocer emociones y sentimientos de otras personas será mucho más fácil y natural. Si finalmente quieres lograr un cambio en tu comportamiento, pensamientos y acciones, definitivamente necesitas entender lo que tienes que trabajar.

La clave para ser inteligente emocionalmente es la consciencia y conocerte por dentro y por fuera.

¡DATO CURIOSO!

¿Sabías que muchos atletas son entrenados para identificar y superar emociones antes de la llegada de un gran juego? Esto está basado en la premisa de que si puedes identificar y manejar tus emociones exitosamente, estas no influirán en tu productividad.

Cierra Los ojos y piensa en todas las ocasiones recientes en las que dejaste que tus emociones se robaran lo mejor de ti y esto afectó tu productividad. Seguramente hubo momentos en los que permitirte que asuntos triviales afectaran tu desempeño, ¿Cierto? Siendo consciente de tus fortalezas y debilidades, es más fácil lograr tus metas. Hay menos espacio para que las distracciones emocionales no deseadas, como la frustración y la decepción en tu vida, que incita a la pereza.

Luego de estar más sintonizado con tus emociones, también empezarás a notar que estás emociones no son de naturaleza singular, sino multidimensionales.

Por ejemplo, puede que hayas tenido una discusión con tu pareja en la que te sentiste vengativo, herido, molesto y lleno de irá al mismo tiempo. Esto es común a medida que empiezas a pelar, al igual que una cebolla, las capas de las emociones.

Darte cuenta de que el cambio no ocurre de la noche a la mañana y que tomará un tiempo para ser notorio. Sin embargo, lo más importante es que estás tomando la iniciativa de ser la mejor versión de ti mismo.

Aumentar la empatía:

Algunas personas son naturalmente empáticas, pero eso no significa UE la empatía no puede ser aprendida. De hecho, aquellos naturalmente empáticos quizás no sean tan "naturales" como te hacen creer, quizás empezaron a aprender y practicar la empatía a una edad temprana.

Para aumentar tu empatía, necesitas hacer que la interacción con otras personas sea tu prioridad. Tómate el tiempo de escucharlos y asegúrate de permitirles hablar sin interrumpirlos. Algunas personas tienen problemas para expresarse, así que, puede que les tome más tiempo comunicar sus pensamientos. No muestres señales de aburrimiento, como mostrarte disperso o mirar la hora; en su lugar, míralos y demuéstrales que estás atento a lo que dicen. Algo tan simple como asentir en señal de aprobación y alentarlos a que continúen hablando puede ayudarlos a bajar la guardia y abrirse emocionalmente.

Intenta encontrar en ti el mismo interés que ellos puedan tener en sus preocupaciones, incluso si son diferentes de las tuyas. Piensa en cómo te sentirías si estuvieras en su lugar y si tuvieras que lidiar con sus luchas.

Trata de ayudar de la forma que puedas, la mayoría de las veces, las personas solamente necesitan que alguien las escuche mientras se desahogan y no necesitas hacer mucho, si puedes ayudarlas a hacer su vida más fácil, hazlo.

Aumentar el autocontrol y las habilidades sociales:

Estos dos aspectos requieren práctica. Aunque puede resultarte incómodo, intenta interactuar socialmente lo más que puedas. Participa en conversaciones y, de ser posible, mantén cerca a un amigo con buenas habilidades sociales para que te observe y te dé su opinión de tu desempeño. Intenta mantenerte consciente de tus reacciones. Una vez que hayas recaudado suficientes opiniones, trabaja en mejorar, aprendiendo en qué te equivocaste y luego poniéndote a prueba volviendo a tener interacciones sociales con tus nuevas y mejoradas habilidades sociales y autorregulación.

Estas situaciones te van a forzar a incrementar tu confianza en ti mismo, que es un componente clave para desarrollar tus habilidades sociales. Otra forma maravillosa de mejorar tu confianza es practicar el asertividad mientras expresas tus pensamientos y opiniones.

Una persona verdaderamente consciente emocionalmente se rehúsa a ser prisionera de sus emociones, prefiere liberarlos para lograr resultados positivos.

Capítulo 3. Inteligencia Emocional en la Infancia Temprana

La mayoría de los padres están convencidos de que tener un alto CI es suficiente para ir sus hijos tengan éxito en la vida y que los llevará a una adultez exitosa. El hecho es que, el CE no puede dejarse de lado y si se enseña desde la niñez, llevará a una mejor integración con sus iguales y podrán enfocarse en mejorar su rendimiento académico.

Un momento crucial

La infancia temprana es definida como el período de tiempo que va desde el nacimiento hasta los 8 años de edad. Es considerada de crecimiento increíble, a medida que el niño aprende de su entorno y de las personas que lo rodean. También es en esta etapa que inicia el desarrollo de los sentimientos. Mientras que los bebés conocen los sentimientos básicos, como alegría y frustración, los niños empiezan a sentir celos y los niños en edad prescolar experimentan el miedo de la separación o abandono.

Es en esta etapa, donde las emociones se convierten en parte importante de su mundo que es necesario enseñarles a los niños sobre la inteligencia emocional.

La importancia del CE en la vida de los niños

En teoría, enseñarles a los niños sobre la inteligencia emocional es maravilloso y todo, pero ¿Cuáles son los verdaderos beneficios de hacerlo?

Una mejor comprensión de las emociones

A tan temprano edad, los niños se asustan fácilmente o se confunden con lo que sienten. Piensa en cómo los niños empiezan a llorar cuando están cansados o cómo los niños en edad escolar se sienten abandonados cuando su mejor amigo hace nuevos amigos y sienten celos.

La idea es enseñarles que sus sentimientos son normales y válidos y enseñarles cómo manejar sus emociones y lidiar con ellas y, por lo tanto, aumentar su CE.

Cuando tu hijo muestra signos de angustia sobre una emoción, tómate un momento para hablar con él. Pregúntale por qué cree que se siente de esa manera y explícale que está bien sentirse así y que no se debería sentir mal por eso.

Manejan mejor las emociones de los demás

Es cierto que los niños están muy protegidos a cierta edad, pero, aunque no son tan astutos como los adultos, pueden ser muy inteligentes. Son muy conscientes de cómo actuamos y cómo sus iguales se comportan y normalmente son muy sensibles. ¿Tu hijo alguna vez te dio su osito Teddy para consolarte luego de un mal día en el trabajo? Más allá de ser un gesto amable, ese comportamiento es una señal de un CE prometedor. Cuando los niños aprenden a prestar atención a las emociones de los demás, también aprenden a manejarlas mejor. Pueden ayudar y consolar a otros y aprender de las experiencias de sus iguales.

Aprenden cómo establecer relaciones sociales

Es muy importante enseñarles a los niños cómo comportarse con otros hasta cierto punto, ya que podría afectar directamente su capacidad de mezclarse y hacer amigos. Volviendo a nuestra niñez, los niños más populares son los que siempre toman la iniciativa de presentarse por sí solos, eran lo suficientemente considerados como para incluir a otros en sus juegos y ofrecer su ayuda cuando otros parecían necesitarla...

Así mismo, es importante que un niño respete a las figuras de autoridad, como sus padres, profesores y la gente normalmente debe obedecerse. Es muy importante aprender a temprana edad que cualquier comportamiento irrespetuoso es inaceptable e intolerable, no solamente porque son personas mayores, sino también porque esas personas ejercen control de una u otra forma en sus vidas. Está demás decir que las personas mayores tienen suficiente sabiduría, gracias a sus experiencias, para guiar a los niños en una dirección que sea beneficiosa para su bienestar general.

No hables, hazlo

No importa cuántas veces le digas a tus hijos que hagan algo, y a pesar de lo bien que lo expliques, si no practicas lo que predicas, no te escucharán, así que ahórrate la molestia y enséñales con el ejemplo.

Es un hecho, en la infancia temprana, los niños aprenden observando e imitando. Es lindo cuando tienen 3 años y los niños agarran el periódico y se sientan con las piernas cruzadas, su cara con el ceño fruncido, pero eso demuestra que les gusta actuar como los adultos que los rodean.

Si quieres que tu hijo lea, deja a un lado el teléfono y agarra un libro. Si quieres que sean inteligentes emocionalmente, demuéstrales tu propio CE.

Llévalos contigo cuando interactúas con otras personas. Muéstrales lo que es la compasión. Llévalos a un comedor comunitario y enséñales el valor de ayudar a aquellos que son menos afortunados. Cuando no estás de acuerdo con tu pareja, enséñales cómo resolver los problemas a través de la comunicación y el razonamiento.

Habrá momentos en los que los vecinos se acercarán quejándose de que tu hijo golpeó a su hija, usa esa oportunidad para explicarle a tu hijo que comportamientos como ese son inaceptables y pregúntales si les gustaría ser la persona golpeada. Luego, enséñale cómo reconocer sus errores y disculparse.

Capítulo 4. Peligros de la Inteligencia Social Reducida

Es un hecho que tu calidad de vida sufrirá si tienes un bajo CE. En el trabajo o en tu vida personal, una inteligencia social reducida hará que te sea más difícil navegar por el mundo real.

Parecer poco profesional

Mientras que algunas personas creen que solamente deberían ser juzgadas por su desempeño, ese no es el caso. Si eres arrogante, grosero y maleducado, serás etiquetado como poco profesional incluso si tu trabajo es perfecto. ¿Por qué? Porque comportarse de una manera que no toma en cuenta las emociones de las personas con las que estás interactuando, puede hacer que se sientan incómodas lidiando contigo (y, a menos que tengan un corazón de piedra, eso es lo más probable). Esto también se traduce en una alta probabilidad de que su trabajo se vea afectado.

No solamente eso, sino que si no controlas tu temperamento en el trabajo, los resultados son los mismos.

La indiferencia de la gente que te rodea y la falta de autocontrol definitivamente causará problemas porque la sociedad tiende a inclinarse por aquellos que "juegan limpio" y tienen cierto nivel de cortesía profesional en el trabajo.

Si alguna vez te encuentras en una situación similar, discúlpate sinceramente y asegúrate de que tu comportamiento no se repita. A menudo, hay poca tolerancia con el comportamiento irrespetuoso, lo que inevitablemente conducirá a un despido.

Ofender sin intención

Puede ser muy fácil que las personas con inteligencia social mediocre hagan o digan cosas que están mal sin siquiera dares cuenta. Es difícil entender una pista cuando ni siquiera puedes leer el estado emocional. La mayor parte del tiempo, lo hacen sin malas intenciones, pero lo que puede parecerte un comentario inocente, puede ofender a otros. A menudo, no puedes simplemente ofender a las personas que te rodean, especialmente en un contexto profesional.

Si te dicen que lo que dijiste es ofensivo, discúlpate de inmediato. Incluso si crees que no hiciste nada malo, el hecho es que tu comportamiento puede haber afectado negativamente a alguien y, lamentablemente, no puedes decidir cómo se sienten los demás. Así que, si te dicen que fuiste grosero, no lo empeores tratando de explicar que no lo fuiste, mejor enfócate en ofrecer una disculpa decente para enmendarlo. Este es un mejor enfoque para resolver rápidamente un problema que sumergirse en una espiral de argumentos infinitos.

Aislamiento Social

Quizás no estén conscientes de ello, pero algunas personas tienen habilidades sociales que otras consideran que les falta. Tendemos a etiquetar a esas personas como "raras" y generalmente las evitamos. Puede parecer injusto, pero como humanos, tendemos a juzgar negativamente lo que no entendemos o lo que sentimos que "no es la norma social". Algunas de esas personas pueden estar bien con ese aislamiento social y, en ese caso, ¡bien por ellos! Pero algunas personas no se sienten tan bien al ser excluidas e ignoradas.

Si te encuentras con alguien así, y está abierto a escuchar consejos sobre cómo ser más social, entonces trata de ayudarlo dándole algunas pistas sobre lo que puede hacer para mejorar su situación.

Por otra parte, si eres tú una de esas personas, entonces mantén los ojos abiertos para identificar a cualquiera que pueda estar tratando de ayudarte genuinamente en ese aspecto.

A veces, solamente es cuestión de ser muy intense o parecer demasiado ansioso y como la gente aprecia su espacio y sus límites, mantener una distancia razonable podría resolver tu problema.

¡Sugerencias prácticas!

Aquí hay algunos tips que puedes dar como sugerencias (y, por supuesto, también puedes usarlos):

1. **Haz Preguntas Abiertas**

   Una de las mejores formas de mantener la conversación lejos de ti y abrir el diálogo a los demás, es simplemente hacer preguntas abiertas. Podrás notar que si haces una pregunta que puede ser respondida con un simple "Sí" o "No" la conversación no llega muy lejos. Las preguntas abiertas alientan a las personas a continuar la conversación. Algunos ejemplos de preguntas abiertas:

   - *"¿Cuál es tu recuerdo favorito de tu niñez?*
   - *"¿Cuáles monumentos quieres visitar en tus vacaciones?*
   - *"¿Cómo podrías ayudar a la compañía si te contratamos para trabajar con nosotros?*

2. **Compórtate como una persona social**

   Puedes pretender comportarte como una persona social incluso si no te sientes como una. Haz un esfuerzo consciente de hablar con gente nueva. No permitas que la ansiedad te hunda. Te sorprenderá lo fácil que es una vez que lo hagas. Con el tiempo, será más y más fácil y mejorarás tus habilidades sociales rápidamente.

3. **Haz avances con pequeños pasos**

   Practica tener conversaciones cotidianas de forma gradual. Cada pequeño gesto y esfuerzo es ganancia. Esto puede ser tan simple como agradecer al cajero cuando te despides. No necesitas ir a un gran evento o fiesta para progresar.

4. **La gente ama hablar sobre sí misma, déjalos**

   Es un hecho que la mayoría de las personas *aman* hablar de sí mismas. Es algo que notamos por simplemente preguntarle a alguien sobre su familia, carrera, pasatiempos o gustos musicales, puede mantener la conversación andando. A partir de allí, demuestra interés genuino por lo que dicen. Continúa haciendo preguntas sobre la persona mientras escuchas con atención y ¡te irá bien en tu camino hacia convertirte en un gran conversador!

5. **Haz Cumplidos Continuamente y Muchos**

   Un buen gesto o cumplido puede abrir un largo camino, sin mencionar que es una gran oportunidad para iniciar una conversación. Hazle un cumplido inesperado a un colega sobre algún trabajo que haya hecho o sobre alguna presentación.

Sabotear las relaciones interpersonales

Algunas personas en nuestras vidas nos aceptan y aman incondicionalmente, esto no significa que nuestras acciones no los hieran. Las personas con un CE bajo, generalmente son muy egoístas, no les prestan atención a quienes los rodean y pueden pensar que están siendo ignorados. Las personas que amas, tratarán de justificar ese comportamiento y quizás piensen que estás perdiendo interés en tenerlas en tu vida, que no te importan o que están siendo muy intensas; como resultado, posiblemente tomen distancia.

Las relaciones son intercambios o calles doble vía y no puedes tomar algo sin dar nada cambio. Y aunque sabes que amas a las personas que tienes en tu vida y no quieres que nada malo les pase, tienes que demostrarlo, tienes que demostrar que las escuchas, que te importan y que estás preparado para atender sus necesidades emocionales.

¡Sugerencia práctica!

La vida se trata de experiencias y relaciones. Las relaciones que tenemos también moldean nuestra percepción del mundo. En estos días nos distraemos por todo y es fácil dejar perder algunas relaciones por no mantenerse en contacto. Una forma sencilla de mantenerse en contacto o recuperar una relación con alguien con quien no has hablado en mucho tiempo es enviarle un mensaje simple pero considerado:

> *"Hola _____, no tienes que responder. Solamente quería saber cómo estás. Espero que estés bien. Vamos a ponernos al día algún día. Si hay algo que necesites o en lo que pueda ayudarte, por favor házmelo saber. Si no, solamente quería saludarte."*

Capítulo 5. Dar y Recibir Opiniones

A menudo escuchamos que la comunicación es la clave cuando se trata de mantener una buena relación. Y es cierto, las opiniones son necesarias para progresar y nadie te dirá lo contrario. Sin embargo, es importante saber qué decir y cómo decirlo para estimular la mejoría en entornos sociales y profesionales.

Qué son las opiniones

Básicamente, darle tu opinión a alguien es hacerle saber lo que piensas de su comportamiento o acciones. Puede ser sobre cómo se comportó o sobre una tarea que hizo o cualquier cosa que pueda mejorarse. Para que esto sea fructífero, la opinión debe ser manifestada de forma que aliente la mejoría. Puedes evidenciar esto en forma de críticas constructivas.

Por ejemplo, cuando un profesor corrige una expresión escrita, le están dando su opinión al estudiante que la escribió. Corrigen cualquier error, escriben pequeñas notas y sugerencias, así como también palabras motivadoras.

De forma similar, un supervisor puede revisar el trabajo que los empleados pueden estar ignorando e informarles qué cambiar, qué mejorar y hacerles saber, objetivamente, que puede ser que estén usando un enfoque incorrecto.

Incluso en casa, cuando uno de los padres corrige el comportamiento de su hijo, le está dando su opinión. Y cuando pensamos en ello, educar a un hijo se trata, en su mayoría, de educarlos y darles opiniones sobre cómo deberían aplicar lo que han aprendido.

Cómo dar opiniones de forma efectiva

Como mencionamos anteriormente, para que la manifestación de opiniones produzca los resultados esperados, debe ser transmitida correctamente. Una opinión manifestada correctamente, con ánimos de mejoría, puede ser una inyección de motivación, sin importar si es considerada como una opinión positiva o negativa.

Mientras que manifestar una opinión positive es relativamente fácil, puede resultar engañoso si es negativa. Pero esta última es la que tiene más consecuencias y debe ser atendida. No estamos diciendo que las opiniones positivas no son importantes.

Mientras que hables objetivamente y alientes el progreso, la persona que recibe la opinión, tomará tus palabras en serio y probablemente te escuchará y hará los cambios necesarios. Recuerda que puedes influenciar cuán bien lo toman a través de tus gestos, tono de voz y expresiones. La clave para mantener al receptor más receptivo ante tu sugerencia es hablar con calma, confianza y parecer cómodo, así como empezar mencionando las cosas positivas que esa persona está haciendo.

Manifestar opiniones positivas

Hazle saber exactamente lo que valoras y asegura que es algo que quieres ver reflejado nuevamente. Esto le ayudará a tener en mente qué esperas y lo que se considera deseable y una buena práctica.

Asegúrate de que lo que dices sea sencillo de entender. No quieres sonar denigrante por resaltar los logros de una persona.

Manifiesta tu opinión en privado. ¿Recuerdas tus días en el colegio? A muy pocos nos gustaba ser el favorito de la profesora. Aunque creas que es algo de lo que deberías estar orgulloso, algunos no se sienten bien siendo el centro de atención en un lugar público y es más valorado cuando se hace en privado porque la persona sabe que estás siendo sincero y no haciendo un escándalo por ser un buen mentor.

Manifestar opiniones negativas

Como lo mencionamos anteriormente, es útil envolver una opinión negativa con una positiva. El enfoque más óptimo es resaltar lo que la persona está haciendo correctamente en lugar de manifestar todas las opiniones negativas en fila. Como consecuencia, este enfoque es una forma segura de que la conversación se desarrolle mal. Así que enfócate primero en lo positive para evitar dañar la autoestima de alguien. Como regla general, muchas personas dirían que, como última parte de una crítica, deberías acotar algo positivo. Pero, pensemos en esto un momento.

¡Sugerencia práctica!

Si estás manifestando un "sándwich de opiniones" que parece algo como:

1. El receptor recibe un mensaje positivo
2. El receptor recibe una opinión negativa
3. El receptor vuelve a recibir positivismo

Este enfoque, a menudo causa que el receptor no tome en serio la opinión negativa o que se la tome mal. Casi siempre recordamos lo último que nos dicen y si es en un contexto positivo, haremos oídos sordos a la opinión negativa o la olvidaremos rápidamente. Esto también conduce a una falsa sensación de progreso.

¡Evitemos esto a toda costa! En su lugar, enfoquémonos en dar opiniones constructivas que haga eco y se quede en la mente de la persona. De hecho, cuando las críticas constructivas se hacen correctamente, la gente las aprecia más porque entienden que la crítica viene de un lugar de buenas intenciones y está destinada a ayudarlos a ser mejor.

Asegúrate de decir lo que tienes que decir de forma natural y no amenazante. No quieres que la persona con la que estás hablando piense que sus errores tendrán consecuencias graves. Quieres que quieran ver sus errores y trabajar en ellos para corregirlos y quieres que vean tu opinión como una herramienta para su camino al éxito y que lo persigan, idealmente desde diferentes fuentes.

Escoger tus palabras apropiadamente no significa disfrazarlas. Siempre es mejor ser claro y específico. No des una opinión vaga que pueda confundir a la persona; es importante que tu opinión le sirva de guía en una forma precisa.

Trata de ofrecer una solución cuando puedas. Si no puedes, hazle saber exactamente lo que piensas que debería mejorar y quizás le ayudes a saber cómo manejarlo.

Asegúrate de estar criticando un comportamiento o una acción, no un rasgo de personalidad. Se trata de lo que la persona hace, no de lo que es. Además, criticar a alguien como persona podría hacer parecer que te estás tomando personal el asunto y no quieres eso.

No seas grosero. Además de potencialmente herir el desempeño de tu interlocutor y darle la impresión de que lo estás atacando, hablar de forma grosera le dará una mala imagen de ti.

Cuando estás haciendo una crítica, siempre es mejor temprano que tarde. No quieres que la persona siga cometiendo ese error y hacérselo saber rápido, conlleva a una rápida corrección. Retrasar ese proceso puede causarle vergüenza a la persona en el mejor de los casos y ocasionarle pérdidas importantes en el peor.

Asegúrate de hacer las críticas en privado. No tiene sentido hacerlo en público y puede que la persona se sienta incómoda en ese escenario y termine estando muy distraída para escuchar lo que tienes que decir.

Recibir opiniones

Entiende la importancia de las opiniones. Asegúrate de entender que es un activo importante en el proceso de mejora. No quieres ser la persona que no evoluciona porque no pudiste aceptar una sugerencia honesta destinada a ayudarte a mejorar. La persona que te está dando su opinión, está sacando tiempo de su día para ayudarte a mejorar, asegúrate de no tomar eso por sentado y prestar atención a lo que te están diciendo.

¡Sugerencia práctica!

> Busca opiniones. A veces es difícil recibir opiniones, dependiendo del escenario. Quizás seas autoempleado y no tengas una evaluación mensual o trabajes como freelancer y tus clientes no son expertos en tu área. ¡Depende de ti hacer el esfuerzo de buscar opiniones!

Hay muchas maneras en las que puedes ponerte en posición de recibir opiniones. A veces, de tu familia o amigos y si esa no es una opción, ¡ponte creativo! En estos días y tiempos, hay muchas formas de comunicación que están disponibles para todos. Puede ser tan simple como publicar en redes sociales o foros.

Sé humilde cuando recibas opiniones positivas. ¡Sí, ya sabemos! Es genial oír palabras de aliento y te sientes invencible. Sólo recuerda volver a poner los pies sobre la tierra cuando desaparezca la euforia. Expresa tu gratitud a la persona que se tomó el tiempo de hacerte saber que estás haciendo un gran trabajo y no actúes arrogante, a menos que quieras que se arrepientan de sus palabras, a nadie le gusta una persona presumida.

Tómate las críticas con gracia. Puede ser un golpe a tu ego, pero en el fondo, sabes que eres meramente humano y capaz de cometer errores, al igual que el resto de nosotros. Acepta que hiciste algo mal y sigue adelante corrigiendo ese comportamiento. Agradece a la persona que te hizo saber que estabas equivocado, quizás no lo veas de inmediato, pero te ahorraron mucha vergüenza al hacerte saber tus errores temprano.

Déjales saber que se pueden acercar a ti. Esto es particularmente importante cuando estás en una posición de líder. Es muy fácil sentirse intimidado por el jefe, incluso cuando piensas que está haciendo algo mal. Asegúrate de que la gente que te rodea sepa que estás dispuesto a aprender de ellos y puedes aceptar las críticas. Esto no solamente los hará sentir cómodos en un ambiente donde sus inquietudes son atendidas, sino que también te buscarán en el futuro en caso de que necesiten ayuda o resolver un conflicto, haciéndote más fácil el trabajo. Después de todo, no se vería bien que hagas críticas, pero no puedas aceptarlas.

Conclusión

La inteligencia emocional es el factor que te llevará de ser una persona inteligente a ser una persona exitosa. Tener empatía y ser capaz de trabajar en equipo y ganar respeto prestando atención a las emociones de los demás y usándolas a tu favor, creará un mejor ambiente. Así mismo, en tu vida personal, la capacidad de prestar atención a tus emociones y las de los demás y responder apropiadamente a ellas, te hará más feliz a ti y a los que te rodean. Todos decimos que queremos ver gente buena en el mundo. Queremos estar con esas personas, trabajar con ellas y relacionarnos con ellas. Es tiempo de cambiar esa forma de pensar y convertirnos en esas personas en lugar de esperar conocerlas. Sé el tipo de persona con la que quieres compartir una relación. Sé el tipo de líder que necesitabas cuando empezaste a trabajar. Sé el mejor padre que puedas para tus hijos y sé la mejor versión de ti mismo. Sé paciente, razonable, compasivo y todas las buenas cualidades que estimulan tu Coeficiente Intelectual.

Libro 2. Ansiedad social

Una Guía para la Ansiedad Social: Estrategias Diarias Fáciles y Efectivas para Superar la Ansiedad Social y la Timidez, la Depresión, Aumentar la Felicidad y Construir Relaciones Exitosas.

Introducción

En estos tiempos, es casi inevitable sentirse abrumado por la afluencia de nueva información que nos dice cuán malo se ha vuelto el mundo; no tienes que mirar más allá de tu correo electrónico, redes sociales, televisión, periódicos, etc. Agrega a eso el estrés constante del trabajo, la vida personal y tener que lidiar con todo tipo de problemas, no es sorprendente que termines con trastornos mentales como depresión y ansiedad social.

La peor parte es que nos hemos acostumbrado tanto a vivir en estas condiciones caóticas que estos trastornos se han convertido en la norma en nuestras vidas, tanto que somos incapaces de reconocerlos.

La realidad es que no es saludable estar en un estado constante de miseria y tensión. Es realmente importante saber cuándo nuestros seres queridos están pasando por momentos difíciles. La capacidad de reconocer esta condición en alguien a quien amas (o incluso en ti) te permitirá tomar los pasos necesarios para superarla.

El trastorno de ansiedad social es uno de los trastornos mentales más extendidos que las personas enfrentan en los últimos tiempos. Es un miedo intenso a estar en situaciones sociales y, aunque el miedo puede ayudarte a desempeñarte mejor en algunas situaciones donde su presencia es razonable y justificada, el miedo que experimentan las personas con ansiedad social es una respuesta a eventos que se consideran inofensivos y perfectamente normales.

En algunos casos, situaciones como conversar con alguien que conociste recientemente o presentarte a un posible socio comercial puede ser espantoso, lo que puede llegar a convertirse en un problema importante si afecta negativamente tu vida social. Desafortunadamente, esto lleva a menudo a hacer las cosas más difíciles de lo que deberían ser.

Aquellos que diariamente luchan por sobrellevar la ansiedad social a menudo te dirán que constantemente piensan demasiado en situaciones simples, sobre analizan y tienden a pensar en el peor de los casos.

A través del tiempo, la evolución humana nos ha permitido desarrollar una respuesta de "luchar o huir", o una respuesta física a un fuerte sentimiento de miedo causado por una situación peligrosa. Hubo un tiempo en el que los humanos necesitaban sobrevivir en la naturaleza entre criaturas peligrosas y rodeados de condiciones naturales caprichosas, esta respuesta les permitió luchar y defenderse o huir de una muerte segura. Esta respuesta se caracteriza por una frecuencia cardíaca alta, aumento del flujo sanguíneo e hiperventilación, cosas que se supone que facilitan el esfuerzo físico anticipado. Sin embargo, cuando experimentas la respuesta de "luchar o huir" en un jardín en la boda de un amigo cuando te presentan a uno de sus parientes, sin signos de ninguna amenaza para tu bienestar, puedes adivinar que algo está mal. Puedes imaginar el escenario mientras tus palmas se ponen sudorosas y las palabras que sabes que quieres decir simplemente no parecen salir.

Una vez que hayas logrado identificar y admitir el hecho de que hay un problema, se hace más fácil buscar una solución. Nadie te dirá que es normal tener miedo de la amigable abuela de 80 años de tu amigo recién casado mientras te cuenta sobre su nuevo nieto. Seguramente, ella no representa una amenaza, lo que te lleva a preguntarte qué está causando el problema. Esto significa que estos sentimientos de miedo y pánico provienen del interior. En otras palabras, el peligro percibido solo está en tu cabeza. Aunque puedes pensar que esto es contradictorio, de hecho, es una buena noticia porque tienes la capacidad de controlar completamente esta situación. Una vez que abordes el problema y lo corrijas, todo volverá naturalmente a su lugar. Tu vida social prosperará y el miedo a tratar con personas en el trabajo o en tu vida personal será cosa del pasado.

Si bien el trastorno de ansiedad social puede variar de una persona a persona, ésta puede empeorar progresivamente y convertirse en algo grave. Es posible que hayas escuchado, presenciado o incluso experimentado tú mismo, ataques de pánico. También conocidos como ataques de ansiedad, son reacciones físicas intensas a una situación estresante. Aunque los ataques de pánico no son exclusivos de quienes sufren ansiedad social, se observan con mayor frecuencia en este grupo. Seguro has escuchado de personas que se congelan cuando tienen que dar un discurso frente a una multitud, que sudan excesivamente, que tiemblan, que tartamudean al hablar e incluso que se desmayan al tratar de realizar el discurso. Podrías pensar que tienes una idea clara de la situación y que no será tan malo para ti, pero en la mayoría de los casos, las cosas ocurren cuando menos las esperamos. La solución es abordar tu ansiedad social de frente y tomar medidas para minimizar las posibilidades de sucesos futuros.

Adoptar este enfoque no solo te ayudará con tu ansiedad, sino que te hará más capaz de manejar situaciones estresantes y te permitirá manejar tu respuesta física y emocional a ella. Cada día te encontrarás más fuerte que el anterior, construyendo lentamente tu arsenal para ayudarte a mantener la calma y finalmente tener el control.

Es cierto que siempre habrá factores que estarán más allá de tu control, lo que es más importante es que desarrolles la fortaleza para controlar tu estado mental y, en última instancia, tus respuestas físicas a estas situaciones. Este libro busca ayudarte a lograrlo al proporcionarte una comprensión de qué es exactamente lo que está causando tu ansiedad social, por qué te sientes de esa manera y cómo manejar el trastorno para que no te impida disfrutar de tu vida.

Vivir con ansiedad social puede ser un desafío continuo, por lo que depende únicamente de ti tomar medidas y dar forma a la realidad que tanto deseas. Este libro te guiará a través de este esfuerzo para que vuelvas a estar a cargo de tu vida en poco tiempo. Si estás listo para vivir una vida sin miedo, sin tener que preocuparte por la desaprobación de los demás, la idea de sentirse rechazado o no encajar, eliminando la falsa creencia de que no tienes nada de qué hablar y quieres calmar el dolor insoportable de la ansiedad social para siempre, ¡entonces sigue leyendo porque es tiempo de tomar riendas en el asunto!

Capítulo 1. La verdad sobre la ansiedad social

Puede que sientas que eres el único con un problema, sin embargo, para sorpresa de muchas personas, la ansiedad social es bastante común. Y, en realidad, muchas personas luchan con estos miedos. Al deconstruir la ansiedad social, se ha descubierto que las situaciones que desencadenan los síntomas del trastorno de ansiedad social no son todas iguales.

Algunas personas experimentan ansiedad en situaciones sociales comunes. Para otras, la ansiedad está vinculada a situaciones sociales específicas, como actuar frente a una audiencia, hablar con extraños y mezclarse en fiestas.

Desencadenantes comunes de la ansiedad social incluyen:

- Actuar en un escenario
- Conocer gente nueva
- Hablar en público
- Asistir a fiestas u otros eventos sociales
- Ser observado mientras hacen algo
- Ser criticados o que se burlen de ellos
- Hablar con figuras autoritarias
- Ser llamado en clase
- Ir a una cita
- Ser el centro de atención
- Conversar

- Hablar en una reunión
- Tomar exámenes
- Comer o beber en público
- Hablar con "personas importantes"
- Hacer llamadas telefónicas
- Usar baños públicos

Una de las ideas erróneas más comunes sobre las personas que sufren de trastorno de ansiedad social es que son tímidas. Si bien es fácil cometer ese error cuando no eres cercano a esa persona, es importante conocer la diferencia entre ansiedad social y timidez para reconocerlo en ti mismo y en otros.

Timidez Vs. Ansiedad social

Qué es timidez:

La timidez es un sentimiento de aprensión, inquietud o incomodidad junto a gente nueva o en situaciones desconocidas. Puede ser el resultado de problemas de autoestima, sobreprotección o miedo al rechazo. Una persona tímida es a menudo retraída y callada en un nuevo entorno.

Si bien la timidez es inconveniente al principio, a menudo se supera después de un tiempo. Una vez que tengas una idea de lo que te rodea y de las personas con las que te estás asociando, te sentirás más cómodo y será más fácil actuar como tu verdadero yo.

Cuando éramos niños, a menudo éramos tímidos cuando visitábamos a extraños o en entornos desconocidos, nos escondíamos detrás de nuestros padres y evitábamos el contacto visual. Sin embargo, cuando las personas que visitamos nos hablan amablemente, nos invitan a jugar o nos traen golosinas, comenzamos a confiar en ellos, nuestra guardia baja y nos sentimos más cómodos hablando con ellos. Irónicamente, al final, generalmente somos reacios a dejar a nuestros nuevos amigos.

¿Qué es ansiedad social?

El hecho de que también se le conoce como fobia social te dice todo lo que necesitas saber sobre este trastorno.

¿Sabías que?

El trastorno de ansiedad social, también conocido como fobia social, es actualmente el tercer problema psicológico más grande en los Estados Unidos. Millones de personas soportan silenciosamente este dolor todos los días, creyendo que no hay esperanza de que mejoren.

Es un trastorno mental muy común, a menudo descrito como un miedo abrumador a ser juzgado. El trastorno también abarca el miedo a sentirse avergonzado y humillado en situaciones sociales, ser el centro de atención u ofender a las personas que los rodean.

Por ejemplo, si estás aterrorizado de iniciar una conversación, lo que realmente podrías temer es decir algo que ofendería a la otra parte o, lo que es peor, algo vergonzoso que pueda llevarlos a juzgarte.

A veces, ese miedo se manifiesta a través de síntomas físicos como sudoración, temblores y mareos. Esto puede hacer que tu vida sea particularmente difícil, ya que puede volverse tan intensa que es probable que no puedas funcionar correctamente.

Una persona con ansiedad social encuentra las situaciones sociales muy tensas, buscan sobrellevar esa tensión bien sea: rehuyendo a la socialización por completo o tratando de manejarla a expensas de su salud mental ya que tienden a pensar demasiado.

Pensar demasiado puede ocurrir antes, durante y después de una interacción social. Generalmente lo que suele ocurrir es que te mantienes pensando en los diferentes escenarios antes de la interacción. Durante la conversación, subconscientemente piensas si estás bien, piensas en lo que deberías haber hecho diferente después. Este comportamiento es muy poco saludable, ya que puede distraerte de tareas importantes y limitar su libertad de disfrutar la vida.

¿Es timidez o ansiedad social?

Es cierto que los dos tienen muchas características en común y aunque ambos son la causa de muchas molestias, es necesario saber la diferencia para saber cómo manejar las dos condiciones.

La ansiedad social a menudo se descarta como timidez lo cual impide que se diagnostique y se gestione adecuadamente. El 75% de las personas que sufren de trastorno de ansiedad social no reciben tratamiento principalmente porque no se dan cuenta de que padecen el trastorno en primer lugar.

Para tratar de averiguar si padece ansiedad social o mera timidez, hazte las siguientes preguntas:

1. **¿Qué tanto miedo tienes?**

    Si te sientes nervioso justo antes o durante una situación social, pero puedes mantenerte en calma, podrías sufrir de timidez. Trata de prestar atención a si la sensación desaparece o no después de un tiempo y ve si te sientes más a gusto hablando con las personas con las que estás. Si el nerviosismo persiste y se acompaña de otros síntomas como temblores, latidos cardíacos erráticos, sudoración e incapacidad para hablar con elocuencia, puede ser más grave y puedes tener ansiedad social.

2. **¿Hay algún período de tiempo en el que te sientas ansioso?**

Otro indicador útil es el marco de tiempo. Si experimentas nerviosismo justo antes de involucrarte en una situación social, lo más probable es que sea timidez. Las personas que sufren ansiedad social tienden a sentir ese miedo días, semanas e incluso meses antes. La preocupación constante y la pérdida de sueño se experimentan con frecuencia durante ese tiempo.

3. **¿Qué tan seguido evitas a las personas?**

Es posible que una persona tímida no busque directamente a extraños o que no pueda iniciar una conversación, pero a menudo desean conocerlos y ser incluidos en actividades sociales. El hecho de que no inicien el contacto es causado por falta de confianza y no porque no quieran involucrarse en situaciones sociales.

Por otro lado, una persona socialmente ansiosa podría evitar activamente socializar. Sin embargo, no se debe a que se nieguen a conocer a una nueva persona en sí, sino al miedo intenso de hacerlo de manera incorrecta y decir algo ofensivo o vergonzoso.

Además, sobre pensar también puede afectarlos y evitar los entornos sociales como una forma de protegerse de ello.

Si la perspectiva de ir a un lugar nuevo y conocer gente nueva te pone un poco nervioso, probablemente sea solo timidez. Si llegas a poner excusas para evitar estar en un entorno social, es ansiedad social.

4. **¿Cómo está afectando tu vida?**

   Una persona tímida puede parecer torpe, extraña o incluso arrogante al principio, sin embargo, esa primera impresión a menudo se anula cuando la conoces. ¿Alguna vez has escuchado algo como "Pensé que eras grosero cuando te conocí?". Eso suele ser un buen indicio de que la timidez se apoderó de ti y de que estamos en tu mejor momento. El hecho de que te hayan dicho esto significa que has logrado cambiar la situación a tu favor después de sentirte más cómodo hablando con ellos.

Las personas socialmente ansiosas a menudo no tienen ese lujo. Tienden a evitar a las personas, no hacen nuevas amistades y se distancian de cualquiera que intente conocerlas. Esta situación puede intensificarse muy rápidamente para peor en el cual las interacciones sociales simples y breves, como pedir una bebida en la cafetería local, se vuelven intimidantes.

Mientras que "tímido" se usa a menudo como un adjetivo para describir a alguien, a menudo por la persona en cuestión, la ansiedad es un trastorno mental. Las personas tímidas a menudo aceptan la timidez como parte de su carácter, pero las personas que sufren ansiedad social se ven demasiado afectadas negativamente por el trastorno como para aceptarlo con la misma facilidad.

De la timidez a la ansiedad social

Se ha descubierto que aproximadamente el 50% de los que sufren de ansiedad social dicen que son tímidos. Ten en cuenta que también es posible que la timidez aguda se convierta en ansiedad social.

La timidez tiende a exhibir las siguientes características

- Sonrojarse
- No hablar mucho
- Evitar la mirada
- Risa incómoda
- Inquietud

La timidez es innata o alentada en la crianza. Mientras que, por otro lado, la ansiedad se desencadena por algún tipo de evento. En otras palabras, la ansiedad social tiene un punto de partida.

Signos y síntomas físicas de la ansiedad social:

- Estremecimiento o temblor (incluyendo voz temblorosa)
- Cara roja o sonrojamiento
- Corazón acelerado u opresión en el pecho
- Sudoración o sofocación
- Falta de aliento
- Desmayos o mareos
- Molestia estomacal, nauseas, "mariposas en el estómago"

Ponerse nervioso antes de dar un discurso es completamente normal. Sin embargo, si tienes ansiedad social, el factor determinante puede ser que te preocupes con semanas de anticipación, que comiences a temblar tan intensamente durante el discurso que apenas puedas hablar o incluso que digas que estás enfermo con tal de no hacerlo.

Signos y síntomas emocionales de la ansiedad social:

- Autoconciencia y ansiedad excesiva en situaciones cotidianas
- Antes de una venidera situación social, experimentar intensa preocupación por días, semanas o incluso meses.
- Miedo extremo a ser juzgado y observados por otros (especialmente por personas que no conoces)
- Miedo a actuar de manera que te humilles a ti mismo.
- Miedo a que los otros noten que estás nervioso

Signos y síntomas de comportamiento:

- Bebes antes de situaciones sociales para calmar los nervios.
- Evitar tanto las situaciones sociales que interrumpa con tu vida
- Mantenerse callado o Escondido para escapar de una posible situación embarazosa
- LA necesidad de llevar siempre un amigo contigo a donde sea que vayas.

Capítulo 2: Enfrentando la ansiedad social

Vamos a sumergirnos más en la ansiedad social y la ciencia detrás de esto. Sorprendentemente, para las personas ajenas a ella, lo que puede parecer una interacción normal como conversar con el empleado de la tienda, llamar a un negocio para obtener más información, puede ser una lucha para quienes sufren de ansiedad social. Muy pocas personas realmente entienden la agonizante y tortuosa profundidad de la ansiedad social. Sin embargo, estas situaciones no son lo que uno clasificaría como vida o muerte, entonces, ¿por qué el miedo social es tan malo?

Pelemos las capas de una hipotética cebolla para comprender mejor la ansiedad social.

Si alguna vez te has roto un hueso, puedes recordar la ocurrencia, pero el dolor en sí puede ser un desafío para recordar y revivir. Por otro lado, es muy fácil recordar la última vez que te sentiste horrorizado en público. Bueno, hay una razón para esto. El dolor mental triunfa sobre el dolor físico. Más bien, el dolor social es en realidad peor que el dolor físico simplemente porque esa experiencia continúa jugando una y otra vez en tu mente como un disco rayado. Piénsalo ¿Qué sería más perjudicial para tu salud a largo plazo, romperte un hueso una vez o tener que revivir una experiencia traumática todos los días, varias veces al día?

> **¿Sabías qué?**
>
> *Las personas pueden volver a experimentar el dolor social mucho más intensamente y más fácilmente que el dolor físico. Los estudios han demostrado que las personas informaron niveles más altos de dolor después de revivir un evento socialmente doloroso pasado que después de revivir un evento físico doloroso pasado.*

Esto sigue siendo cierto, ya que la sola idea de soportar un evento doloroso es mucho más aterradora que la experiencia en sí misma. Los estudios también han indicado que la inseguridad laboral es uno de los factores más críticos en el bienestar de los empleados, incluso puede ser más dañino que la pérdida del trabajo con el subsecuente desempleo.

Verás que todo se reduce a un conjunto de neuronas en forma de almendra ubicadas en lo profundo del lóbulo temporal interno del cerebro llamado amígdala.

Se ha demostrado que la amígdala desempeña un papel instrumental en el procesamiento de las emociones y está vinculada tanto a las respuestas al miedo como al placer.

La ansiedad, la depresión, el autismo, las fobias e incluso el trastorno de estrés postraumático son condiciones sospechosas de estar relacionadas con el funcionamiento anormal de la amígdala.

El consejo que se suele dar para combatir la ansiedad social y el miedo por la mayoría de las fuentes es completamente incorrecto. ¿Su consejo?

Supresión

Desafortunadamente, todo esto conduce a una disminución en su capacidad de experimentar sentimientos positivos y aumenta los sentimientos negativos, lo que a su vez dispara el estrés.

Es por eso que adoptar un enfoque diferente puede ser la clave.

Hay varias cosas que puedes hacer para contrarrestar activamente la ansiedad social. Algunos de los siguientes consejos pueden funcionar mejor que otros, dependiendo de con qué te sientas cómodo. Usa esta lista simplemente para inspirarte a probar diferentes enfoques y técnicas que funcionen mejor para ti.

1. **BUSCA AYUDA**

    Aunque el trastorno de ansiedad social es una de las afecciones más comunes que existen, también es una de las más tenaces. Buscar ayuda de un profesional puede ahorrarte mucho tiempo y esfuerzo. Ten en cuenta que los profesionales capacitados han estudiado diversas afecciones mentales y tienen una sólida comprensión de cómo tratarlas de manera eficiente. Y, no hay nada de malo en pedir ayuda (Esto no se puede enfatizar lo suficiente). Un terapeuta puede ayudarte a descubrir qué enfoque y estrategia tiene la mayor probabilidad de trabajar para ti.

2. **IDENTIFICA LA CAUSA**

    Si bien existe la posibilidad de que la afección se desarrolló en a lo largo del tiempo con una acumulación lenta de muchas situaciones estresantes, tu ansiedad social también podría haberse desencadenado por un evento singular traumático en tu vida. Aunque puede no haber sido completamente evidente en ese momento, el impacto puede haber sido lo suficientemente fuerte como para causar este tipo de daño.

Sugerencia práctica

Cierra tus ojos; Trata de buscar en tu pasado y recordar algo que te haya sucedido que pueda ser el evento que desencadenó todo. ¿Qué te hizo sentir que socializar es estresante? ¿Qué dañó tu autoestima? ¿Cuál fue el evento desencadenante? Tal vez se suponía que debías cantar una parte solista con tu clase en la escuela primaria y olvidaste las palabras. O tal vez fallaste un lanzamiento fácil al jugar baloncesto que le costó a tu equipo una victoria importante. Mirando hacia atrás, podría haber sido algo que otros probablemente verían como algo que no era tan importante, pero debido a que le diste tanta importancia, moldeó para siempre tu percepción de la realidad tal como la conoces. El punto de esto es que una vez que puedas identificar con éxito cuál es el evento desencadenante, tienes el poder de realizar cambios.

---

3. MANUALES DE AUTO-AYUDA

Libros adicionales y manuales de autoayuda pueden ser un buen medio para adquirir la ayuda que necesitas. El conocimiento es poder. Proporcionan una forma rápida y práctica de aprender a manejar una situación antes o cuando surja. Idealmente, aquellos escritos por un experto en el campo, como un psiquiatra o incluso un profesor de psicología, es un buen lugar para comenzar a complementar tu aprendizaje.

> **Sugerencia práctica**
>
> A menudo estos libros tienen pasos que puedes aplicar de inmediato, el secreto es:
>
> 1. Leer y entender completamente el paso
> 2. Poner manos a la obra e implementarlo de inmediato
>
> Con este enfoque verás resultados de inmediato

4. **ESCRIBE UN DIARIO**

   Escribir un diario te proporcionará una manera de seguir tus pensamientos y tu progreso. Sin dudas, no hay mejor manera de aprender sobre tus procesos de pensamiento que mantener un registro de ellos en papel. También puede ser una herramienta útil cuando se trata de identificar tus desencadenantes y evitarlos. Si estás viendo a un terapeuta, el diario los ayudará a los dos a progresar al poder identificar patrones comunes, emociones y posibles factores desencadenantes.

   Sugerencia práctica

   Hacer un seguimiento de tus emociones no tiene que ser elegante, el punto es poder rastrear cómo te sientes a diario.

   A. Primero dibuja dos líneas espaciadas uniformemente en la página de arriba hacia abajo y aproximadamente una pulgada desde la parte superior dibuje una línea a través. Esto creará tres columnas pares.

   B. Etiqueta la primera columna "Situación/evento" en la parte superior

   C. Etiqueta la segunda columna "Pensamientos/Que historia me estoy contando"

D. Etiqueta la tercera columna "Qué tan ansioso me siento"

Ahora que tienes la configuración de la página, comienza por fechar cada entrada para realizar un seguimiento preciso de tu progreso. Ahora, cada vez que comiences a pensar o entrar en una situación que te haga sentir ansioso, ¡asegúrate de escribirlo! Si lo encuentras más útil, incluso puedes asignarle a tu nivel de ansiedad un número en una escala del 1 al 10.

Sí, es imposible anotar *cada* emoción y pensamiento que puedas tener, sin embargo, el enfoque más manejable es tomar nota de cuándo sientas síntomas físicos, como palmas sudorosas, tal vez la frente, mareos o incluso una ansiedad moderada.

5. NO TE AISLES

Al principio, quedarse en casa y protegerse de cualquier posible interacción y del mundo real puede parecer una excelente idea, pero en realidad no lo es. Hay una razón por la cual los establecimientos penitenciarios y las cárceles utilizan confinamiento solitario porque se considera uno de los castigos más dolorosos.

Es muy fácil caer en el mal hábito de quedarse en casa con un buen libro y tu bebida preferida, evitando cualquier tipo de interacción con todo ser humano. El progreso consiste rasgar la envoltura y salir de su zona de confort. De hecho, se ha descubierto que esta zona incómoda muchas veces es donde uno obtiene los mejores resultados por sus esfuerzos. Entonces, si quieres hacer algo con respecto a tu ansiedad social, quedarse en casa y evitar situaciones sociales es un paso en la dirección equivocada.

6. TOMA LA INICIATIVA

Sí, es difícil. Pero también lo son muchas otras cosas en la vida. Date un pequeño empujón para encontrar situaciones sociales en las que apenas puedas pensar. Saluda a uno de los vendedores de camino al trabajo. Ofrece ayuda a tu colega que está luchando con una pila de carpetas. Preséntate al nuevo jefe de tu división. Recuerda que el pensamiento es peor que la acción real. Te sorprenderá cómo una pequeña iniciativa será de gran ayuda.

7. ESTÁ PREPARADO

Tener un plan te brinda una manera no solo de seguir tu progreso, sino también de establecer metas para ti mismo. Lo más probable es que no todo salga según el plan, ya que habrá variables que no podrás controlar como las personas, por ejemplo.

<u>Sugerencia practica</u>

¡Estoy seguro de que en algún momento te has sentido preocupado sobre qué hablar en una situación social por temor a que no tengas nada que decir! Aquí es donde tener un plan y algunas preguntas generales en su arsenal no solo romperán el hielo, sino que pueden garantizar que la conversación avance fluidamente.

Estos son algunos temas para empezar:

1. He estado buscando un precioso vestido como ese, ¿dónde lo compraste?
2. Siempre voy al mismo sitio para almorzar, tienes ¿alguna recomendación?
3. ¿conoces alguna buena cafetería por aquí?
4. ¿Cómo te fue _____ en la fiesta?
5. Quiero ver una película este fin de semana, ¿has visto algo bueno últimamente?

6. He querido leer ese libro, ¿estás familiarizado con el autor?
7. No estoy seguro que bebida ordenar, ¿cómo te gusta lo que bebes?
8. Tu perro es adorable
9. ¿Por cuales bandas estás aquí?
10. Me gustan tus zapatos
11. Necesitamos a otra persona que se una a nuestro juego, ¿estás interesado?
12. Voy a poner música en el tocadiscos, ¿qué canción debería poner?
13. Me gusta este instructor, ¿has tomado alguna otra de sus clases?
14. ¿Sabes cómo llegar a Market Street? Estoy perdido.
15. ¿Puedo pedir tu opinión sobre mi regalo?
16. Te vi cuando entré y quise venir a saludarte

Aunque no es obligatorio, ciertamente ayuda hablar sobre temas populares como noticias actuales o deportes. Mantener la conversación sobre temas en los que tu compañero este interesado permite que la conversación fluya sin esfuerzo. Si parece que no puedes encontrar un tema que le interese, ¡simplemente pregúntales qué hacen para divertirse! Como se mencionó anteriormente, a las personas les encanta hablar de sí mismas. Sé curioso y genuinamente interesado en ellos, su familia o cualquiera de sus otros intereses.

8. TEN UN CONOCIDO

Un conocido, sea hombre o mujer, también puede servir como un activo y una excelente manera de darte un impulso adicional de confianza. Ni siquiera tiene que ser un amigo en común, alguien que sea bueno en los entornos sociales también será de gran ayuda y facilitará las cosas en los entornos sociales. Literalmente estarán a tu lado y te apoyarán en muchas situaciones, como una reunión, un evento de networking, una conferencia, una fiesta de cumpleaños, una boda o un sábado por la noche en un bar.

Un buen conocido se acercará a la gente por ti y romperá el hielo. Puedes seguir su ejemplo y seguir la conversación. Esto te ayuda a hacer conexiones significativas y construir relaciones que realmente importan.

La importancia de un compañero

A.   Contactos:

Pueden ser ventajosos para tu carrera. Un conocido puede posicionarte para conocer gente valiosa que querrá conectarse y apoyar tu éxito. También es como tener un segundo par de ojos para estar atento a posibles oportunidades laborales o formas de ayudarte a avanzar profesionalmente.

B.   Responsabilidad:

Vencer tu ansiedad social es mucho más fácil cuando tienes a alguien que te hace responsable de tus acciones y de las metas que como equipo te has propuesto alcanzar.

C.   Credibilidad:

Un conocido puede darte credibilidad solo por asociación. Esto es realmente invaluable para aquellas presentaciones a las personas que pueden parecer "intocables" o te dan miedo de acercarte por tu cuenta. Si su conocido ha hecho la presentación correctamente, la persona a la que te presentarán sentirá que es él que se beneficiará más. Esta es una técnica muy poderosa y puede aliviar la ansiedad social casi al instante.

D. Mentoría:

Alguien que tenga más experiencia que usted y que brinde asesoramiento puede acortar su curva de aprendizaje a una fracción del tiempo. En lugar de tratar de descubrir cómo vencer tu ansiedad social por ti mismo o buscar en numerosas conversaciones, deja que un mentor te guíe.

E. Confianza:

Ir a un evento con un conocido cambiará drásticamente tu confianza en ti mismo. No solo porque tienes un compañero, sino que también están contigo para hacerte lucir genial. Es como el consejo de Will Rogers: "Haz que alguien más toque la bocina y el sonido llegará el doble de lejos".

F. Libertad:

Incluso después de dar el paso para presentarse, puedes encontrar que una interacción con alguien no está yendo tan bien como esperabas. ¡Aquí es donde el conocido puede entrar y rescatarte! Liberarte de los grilletes imaginarios que te atan a una conversación o situación incómoda se puede hacer fácilmente con la ayuda de su confiable compañero. Puede ser una buena idea proponer una pista o señal que pueda comunicarle a su compañero para iniciar este proceso. Algunos ejemplos podrían estar parpadeando algunas veces, chasqueando los dedos una vez, una palabra secreta o incluso una tos simple.

9. PRACTICA TU CONFIANZA

¡Fingir hasta que lo hagas! Esas palabras no se hicieron populares por nada. Haz contacto visual, ten una buena postura y habla con una voz clara y comprensible. Con estas técnicas, estás reconectando tu cerebro para creer realmente que tienes confianza. La investigación ha demostrado que tus pensamientos y lo que crees son muy poderosos. ¡Antes de que te des cuenta, ya ni siquiera tendrás que fingir! La confianza viene de adentro, solo ten en cuenta que eres una persona inteligente, talentosa y amable que tiene la capacidad de lograr cualquier cosa y es digna de respeto y atención.

10. PON A PRUEBA TUS LÍMITES

¡Pon tus aprendizajes en acción! Simplemente leer o mirar videos sobre cómo superar la ansiedad social es inútil si no lo pones en práctica. Puedes leer todos los libros de autoayuda del mundo, pero tu progreso seguirá siendo el mismo si no lo aplicas. A menudo se avanza fuera de su zona de confort. Esforzarte para expandir tus horizontes y mejorar un poco cada día es fundamental para el crecimiento.

A menudo es más fácil dar pequeños pasos para salir de nuestra zona de confort con un mentor o equipo de soporte. Como se mencionó anteriormente, sabes lo importante que puede ser un mentor para tu avance general. Si conoces a alguien que pueda alentarte y ayudarte en el camino, puedes hacer que estos cambios parezcan menos desalentadores.

El progreso no tiene que suceder a pasos agigantados, por eso debes experimentar un poco a la vez. El avance y el proceso de curación pueden requerir que tengas que soportar varias experiencias incómodas, pero ese es un componente clave para tu éxito.

Capítulo 3: Ejercicios prácticos para combatir la ansiedad social

Si bien puede parecer que no hay nada que realmente pueda hacer sobre los síntomas del trastorno de ansiedad social o fobia social, en realidad, hay varias cosas que pueden ayudar o al menos limitar su efecto en tu vida. El primer paso es desafiar tu mentalidad.

Las víctimas de ansiedad social tienen pensamientos y creencias negativas que agregan combustible a sus miedos y ansiedad. Algunos ejemplos de estos pensamientos son:

- "Sé que terminaré pareciéndome a un tonto"
- "Mi voz comenzará a temblar y me avergonzará"
- "La gente pensará que soy un idiota"
- "Pareceré aburrido porque no tengo nada que decir"

Confrontar deliberadamente estos pensamientos negativos es una forma poderosa de reducir los síntomas de la ansiedad social.

Sugerencia practica

Paso 1: Identifique los pensamientos negativos subyacentes de tu miedo y situaciones sociales. Si está estresado por una próxima presentación, el pensamiento negativo subyacente puede ser: "Voy a arruinarlo todo. Todos van a pensar que soy completamente inútil".

Paso 2: Confrontar y diseccionar estos pensamientos. Haz un esfuerzo para hacerte preguntas sobre estos pensamientos negativos.

- • "¿Tengo la certeza de que voy a arruinar la presentación?"
- "¿Mi nerviosismo hará que la gente crea que soy inadecuado?"

Explorar tus pensamientos negativos utilizando evaluaciones lógicas te permitirá reemplazarlos lentamente por formas positivas y más realistas de ver las situaciones sociales que desencadenan tu ansiedad.

Cuanto mejor comprendamos por qué sentimos y pensamos de cierta manera y cómo esto en última instancia actúa como desencadenante ayudará a mitigar su impacto negativo en tu vida.

Pensamientos negativos que alimentan la ansiedad social

A continuación, hay algunos patrones de pensamiento que tienden a empeorar la ansiedad social. Es imperativo que evites ser víctima de los siguientes estilos de pensamiento inútiles:

- **Personalización** – La suposición de que las personas se centran negativamente en ti o que creen que lo que sea que esté sucediendo con otras personas tiene algo que ver contigo.
- **Adivinación** – Tratando de predecir el futuro, a menudo mientras se supone que sucederá lo peor. Ya estás ansioso de

antemano porque simplemente puedes "sentir" que la situación va a salir terriblemente.

- **Leer mentes** – La creencia de que sabes lo que otras personas están pensando. Llevándote a pensar que te ven de la misma manera negativa que te ves a ti mismo
- **Catastrofizar** – Exagerar la gravedad de los problemas o hacer un gran problema de la nada.

Se consciente de tu alrededor y de las personas con las que estás

Prestar atención a la persona con la que estás hablando te permitirá concentrarse en el momento y mantendrá a raya los pensamientos negativos que tienes sobre ti. Esto también te permitirá vivir el momento en lugar de pensar en exceso en la impresión que estás dando. También dirige tus pensamientos a lo que están diciendo y cómo ayudarlos o alentarlos. Prestar atención genuina a tu la persona con la que hablas también los hará sentir valorados y eso es una ventaja.

Habla con aquellos en los que confías

Si bien hablar con un terapeuta con licencia es ciertamente ideal, también puede hablar con un amigo o un ser querido si no es posible obtener ayuda profesional. Te ayudará a descargarte a tu propio ritmo y puedes compartir tanto o tan poco como te sientas cómodo. A veces, tener la capacidad de hablar a otra persona sin sentirse juzgado para deshacerte de la frustración puede ayudarte a romper el ciclo de pensamientos ansiosos con los que tienes que lidiar cuando estás solo. Una persona sin esta condición tiene una visión objetiva de lo que le preocupa y, a veces, escuchar a otra persona decir cuán insignificante es un problema es más convincente que decírtelo tu mismo.

Sé positivo

Lo escuchas todo el tiempo, mantente positivo. Céntrate en tus fortalezas y ventajas no solo te mantendrá con una mentalidad positiva, sino que aumentará tu confianza y autoestima. Si enfocas tu pensamiento en la positividad, no tendrás tiempo para pensar en lo que es malo.

Sugerencia práctica

Como ejercicio consciente, piensa y escribe cinco cosas por las que estás agradecido, te gustan y aprecias de ti mismo. Incluso pueden ser algunos logros. Intenta aumentar el número de estas cualidades todos los días. Después de un tiempo, ser positivo se convertirá en un hábito.

No te tomes a ti mismo tan enserio

Esto no significa que no debas ser serio, ni mucho menos. Por el contrario, trata de no tomar tus errores demasiado en serio, tómelo con calma y no seas demasiado duro contigo mismo. Si pronuncias mal algo, por ejemplo, ríete y sigue adelante. La gente lo tomará tan en serio como tú lo hagas y tu reacción ante un contratiempo generalmente da forma a la suya. Entonces, ¡relájate!

Tu hermano mayor es el único que te está mirando:

Tu ansiedad te hace pensar que todos te están mirando, esperando que cometas un pecado grave, pero la verdad es que todos están demasiado ocupados preocupándose por sí mismos para seguir cada uno de tus movimientos. Nadie te vio tropezar en la acera y no, esos dos tipos que están caminando detrás de ti no se están riendo de ti.

Sin embargo, ¿qué pasa si lo hacían?

Ciertamente, esto es más fácil decirlo que hacerlo, ¿verdad? Supongamos, por el bien de la discusión, que la gente te está mirando. (Que definitivamente no es el caso, por cierto). Entonces, la gente te está mirando y juzgando cada uno de tus movimientos, ¿verdad? ¿Y qué? ¿Por qué importa? ¿Cómo son relevantes? ¿Por qué importa su opinión? La respuesta simple es que no importa. Esas personas no importan. No son cercanos a ti. Son solo algunos extraños con los que compartiste un espacio durante un corto periodo de tiempo. Deja que te juzguen si se atreven, no te afectará de ninguna manera.

Sé bueno contigo

Muchas veces, a nuestro cerebro le gusta jugar juegos mentales con nosotros por alguna razón. Depende de ti luchar contra eso y ser bueno contigo. Trátate como tratarías a un amigo muy querido. Date un capricho, elógiate a ti mismo, dale ánimos y anímate.

Relájate

Es muy importante interrumpir cualquier síntoma físico de ansiedad antes de que se convierta en algo peor. Cuando comiences a experimentar esa sensación de pánico, tómate un momento para regular tu respiración y calmarte. Relájate. Intenta agregar meditación a tu rutina diaria, será muy beneficioso y te ayudará a mantener el estrés a raya.

Ten en cuenta que la ansiedad en realidad no es tan visible como podrías pensar. Incluso si alguien se da cuenta de que estás nervioso, eso no significa que pensarán mal de ti. Lo más probable es que otras personas se sientan tan nerviosas como tú o, en realidad, se hayan sentido de la misma manera en el pasado.

Controla tu respiración

Hay muchos cambios que ocurren en tu cuerpo cuando estás ansioso. Uno de los primeros cambios notables es que comienzas a respirar rápidamente. La hiperventilación o la respiración excesiva eliminarán el equilibrio de oxígeno y dióxido de carbono en tu cuerpo. Esto conduce a más síntomas físicos de ansiedad, como una sensación de asfixia, aumento de la frecuencia cardíaca, mareos y tensión muscular.

Sugerencias prácticas

Disminuir la velocidad de la respiración ayudará a controlar los síntomas físicos de la ansiedad.

Realiza el siguiente ejercicio de respiración para ayudarte a permanecer calmado:

1. Con la espalda erguida y los hombros relajados, siéntate cómodamente

2. Posiciona una mano en el pecho y la otra en el medio del estómago

3. Mientras llenas los pulmones a su máxima capacidad, inhala lentamente por la nariz durante 5 segundos. La mano sobre tu estómago debe elevarse, mientras que la mano sobre tu pecho no debe moverse mucho. Mantén la respiración por 3 segundos.

4. Exhala lentamente por la boca durante 6 segundos, expulsando la mayor cantidad de aire posible. la mano sobre tu estómago debe moverse hacia adentro mientras exhala, mientras que tu otra mano debe moverse muy poco.

5. Continúa respirando por la nariz y exhalando por la boca. Concéntrate en mantener un patrón de respiración lento y constante de 5 segundos adentro, 3 segundos aguantando y 6 segundos afuera.

Conclusión

Gracias por leer este libro. Tu viaje hacia la superación personal solo ha comenzado. Con suerte, esta fue una lectura educativa y te enseñó más sobre la ansiedad social.

La vida siempre arrojará algunas curvas inesperadas en tu dirección y depende de ti cómo lidiar con ellas.

Ahora que comprendes mejor el trastorno de ansiedad social, es hora de que pongas en práctica los consejos y sugerencias que recolectaste de este libro. La práctica hace la perfección como dicen, así que sal y mézclate. Tómelo con calma al principio, incluso 10 minutos al día pueden marcar la diferencia. Lleva a un amigo para que te ayude a mejorar el estado de ánimo y habla sobre un tema con el que estés familiarizado, lo que te convenga, siempre y cuando actúes. Un objeto en movimiento permanece en movimiento, por lo tanto, ¡todo lo que necesita hacer es dar el primer paso! Recuerda que eres fuerte, poderoso y valiente. Ahora sal y conviértete en la persona que sabes que puedes ser.

Libro 3. Introvertidos y citas

Cómo Ser Más Carismático, Aumentar Tu Confianza, Eliminar El Miedo a las Citas, la Ansiedad y la Timidez con Técnicas Simples

Introducción

Las citas, te dices a ti mismo, están plagadas de ansiedad innecesaria y posibles rechazos. Sin mencionar lo abrumadoras que pueden ser las decisiones. ¿Por dónde empiezas? ¿Citas en línea, encuentros, citas a ciegas, el bar? Espera, definitivamente el bar no es la mejor opción, eso es demasiado intimidante.

¿Alguna vez te has preguntado cómo algunas personas parecen tener una cita tras otra, mientras que parece que tú no puedes reunir el coraje para presentarte? ¿Cómo puedes salir de esta situación?

Hay muchos libros y recursos con información ambigua que afirman proporcionar el "secreto" para encontrar a la persona de tus sueños.

Hay un gran problema con los consejos que a menudo se dan cuando se conversa sobre citas "¡Di que sí a todo! ¡Solo sal ahí fuera! Deja que todos sepan que estás buscando una pareja".

Aunque esos típicos consejos están destinados a ser bien intencionados, contradicen en gran medida un factor crucial en el bienestar de un introvertido: el tiempo a solas.

Para un introvertido, encontrar pareja se reduce a hacer exactamente lo contrario de lo que más amas: ver una serie de misterio y asesinatos de Netflix en tus monos favoritos. Ahora, la realidad es que si realmente quieres un compañero en el crimen, significa dar un salto de fe y mezclarte.

Lo entiendo, las citas pueden ser aterradoras, y preferirías estar de vuelta a casa, que estar en el mundo real teniendo conversaciones que no van a ninguna parte. Un campo minado de conversaciones interminables y charlas inútiles. Debido a que los introvertidos no prosperan ni obtienen la misma energía de las interacciones sociales que los extrovertidos, este tipo de conversaciones tienden a parecer una pérdida de tiempo.

Este libro servirá como guía para ayudarte a navegar por el mundo de las citas y hacerlo un poco menos intimidante. Siguiendo los consejos descritos en las páginas siguientes, podrás tomar lo que antes pensabas que eran tus debilidades como introvertido y aprovecharlas para que se conviertan en tu arma más poderosa para conseguir la cita de tus sueños.

Capítulo 1. Vístete para el éxito

Tenemos tanta confianza como parecemos que tenemos. Esta declaración no puede enfatizarse lo suficiente. Si no nos vemos seguros, será evidente de inmediato en la forma en que nos vestimos, nos portamos, en el uso de expresiones faciales e incluso en el tono de nuestra voz.

Un hombre que claramente tiene dificultades para vestirse bien con una composición corporal promedio aún puede ser encantador a través de una conversación y salir con la mujer más preciosa de la habitación. El poder está en el carisma y la confianza. No te lo tomes a la ligera.

La buena noticia es que el encanto y la confianza se adquieren a través de la experiencia.

Comprende que aquellos que ves que tienen un éxito significativo no nacieron con estas características, de hecho, todo lo contrario. Con un poco de práctica, tú también puedes aprender a utilizar eficazmente estas poderosas herramientas y cambiar tu vida para siempre.

Empecemos.

El primer paso de este proceso crítico es mejorar la forma en que te presentas ante otras personas. Tu apariencia es crítica.

Honestamente, no todos podemos parecernos a Tom Cruise o Jessica Alba, o tener un sinfín de fondos para someternos a una costosa cirugía estética (lo cual no es recomendable, por cierto). Por otro lado, incluso si tuvieras suficiente dinero para seguir hacerlo, no tiene sentido si no confías en tu propia piel o si te falta encanto. Un mejor camino sería aumentar tus niveles de condición física de inexistentes a unos pocos días por semana. Dicho esto, realmente ni siquiera necesitas ir al gimnasio para ganar confianza en tu habilidad de hablar elocuentemente con los demás.

El enfoque más práctico y rápido es ser más consciente de cómo te vistes. El hecho es que la ropa juega un papel importante en tu presentación. Si estás bien vestido, muchas mujeres lo notarán. Por otro lado, si estás mal vestido, inevitablemente lo notarán también. Este es un riesgo que corres, pero puedes evitarlos.

Piénsalo, nuestra apariencia les da a las personas una idea de quiénes somos. La primera vez que conoces a alguien, su primera impresión y apariencia son lo único que tienes para basar una opinión en ellos. La mejor parte de esta primera impresión es que tienes el poder de controlar esas interacciones.

Te sorprendería el cambio que puedes hacer simplemente agregando algunas prendas cuidadosamente seleccionadas a tu guardarropa. Todo esto requiere una pequeña inversión y un poco de orientación. El objetivo es combinar tu personalidad con un sentido del estilo que irradia al mundo quién eres.

Es muy importante vestirse acorde a tu personalidad. Tengo que admitir que no soy el más elegante o mejor vestido de mis amigos, pero me siento cómodo con un estilo que me hace sentir seguro de quién soy como persona. Usa lo que te haga sentir bien y aumenta tu confianza mientras estás en entornos sociales.

Tipos de ropa

1. **Selecciona colores que complementen tu tipo de piel**

   El tono de la piel es el color natural de tu piel. El color puede cambiar según la estación, como el invierno o el verano. Siempre debes vestirte para ser la mejor versión de ti mismo.

2. **Compra ropa que encaje bien con tu tipo de cuerpo**

   Esto ayudará a resolver aproximadamente el 95% de tus problemas de estilo. Para ser honesto, incluso podrías salirte con la suya con jeans y camiseta siempre que se ajusten a tu tipo de cuerpo. La ropa que te encaja simplemente se ve mejor.

3. **Evita cualquier cosa que te dé ansiedad o que te resulte abrumador**

   Los colores a juego pueden ayudan muchísimo. Demasiados patrones pueden chocar y hacerte ver como si estuvieras en un acto de circo. No me malinterpreten, me encanta el circo y los artistas son increíblemente talentosos. Sin embargo, eso no significa que esté buscando salir con un payaso tampoco.

4. **Vístete para impresionarte a ti mismo. Al mirarte en el espejo, quieres decirte "Vaya, me veo BIEN"**

   Todo comienza por la forma en que te ves a ti mismo. Si te dices que te ves bien, brillarás con energía positiva y confianza.

5. **Plancha tu ropa**

Es obvio, pero muchas personas pasan por alto o simplemente no les importa lo que se ponen. Las arrugas en la ropa son descuidadas, te hacen parecer descuidado y barato. Tómate unos cuatro o cinco minutos para planchar tu ropa porque eso demuestra que te importa.

El punto es que quieres vestirte para impresionar sin perder quién eres como persona. Puedes decirte a ti mismo que no eres naturalmente elegante. Pero, sorpresa, ¡nadie lo es! Se necesita algo de experimentación.

De hecho, la mayoría de las chicas desean que los hombres pongan un poco de esfuerzo en su apariencia. La mayoría de los chicos se visten tan mal que incluso ese pequeño esfuerzo los ayuda a destacarse del resto de la multitud. Sin embargo, es importante mencionar que vestirse cómodamente no significa verse como una persona sin hogar. No necesitas vestirte como si fuera a caminar en un desfile de moda. Simplemente presta más atención a tu forma de vestir, porque los que lo rodean consciente y subconscientemente lo notarán.

Sé consciente de tu alrededor

Aunque esto pueda parecer obvio, presentarse a un evento informal requerirá una vestimenta muy diferente a la que usarías en un evento de negocios. No deberías usar sandalias y un top corto para un evento de negocios (a menos que fuera un evento temático donde eso sea lo que se espera) porque destacarías de la peor manera. ¿Tiene sentido? Siempre debes saber qué tipo de ropa es apropiada para el evento al que vas a asistir. En caso de que no lo sepas, solicita más información.

Como se mencionó previamente, vestirse bien es una manera segura de aumentar tu confianza y también crea una buena impresión de ti al conocer gente nueva.

Fuera de ocasiones y eventos especiales, mantener tu atuendo informal y cómodo está completamente bien.

Capítulo 2. El poder de la mentalidad

Es importante que te sientas cómodo contigo mismo, ante todo. Tener una mentalidad fuerte y enmarcar el mundo en el que vives puede prepararte mejor para enfrentar el mundo de frente con una confianza inquebrantable.

Todos los días el objetivo debe ser convertirse en la mejor versión de ti mismo. El objetivo final es vivir una vida en la que tú y la mejor versión de ti mismo no sean extraños, sino que se esfuercen y mantengan el ritmo constantemente.

Con esto dicho, la mentalidad correcta es tan importante que hay series de libros dedicados a explorar este tema. Somos lo que pensamos y solo logramos lo que nuestras creencias limitantes nos permiten lograr. La mentalidad refuerza tu capacidad de comunicarte con claridad, saber lo que quieres y permite suficiente espacio para que tú y otras personas a tu alrededor se conviertan en lo que quieres ser.

Cuando se trata de eso, las citas tienen que ver con la cantidad de personas que conoces. Cuantas más personas conozcas, mejor será la idea de lo que quieres y no quieres en una pareja. Aunque tiene una connotación negativa, las citas son de hecho un juego de números. Si solo conoce a una persona, la probabilidad de que esa persona sea la "elegida" es muy escasa. Ahora, existe la posibilidad de que las estrellas se alineen a tu favor y conozcas a la persona de tus sueños en el primer intento, pero para el resto de nosotros no es realista.

Ajusta tu mentalidad

Con unos pocos cambios en la forma que abordas las citas pueden hacer una gran diferencia. Esto puede facilitar las cosas para ambos y permitir una experiencia más agradable.

No más pensamientos negativos

Evita repetirte el mismo cuento una y otra vez de que eres terrible en las citas. Todos somos terribles al principio, es solo un hecho de la vida. Estos pensamientos negativos te preparan para el fracaso desde el principio. En cambio, tener pensamientos positivos acerca de cuánto disfrutarás conocer nuevas personas y aprender de sus diferentes perspectivas de la vida.

No tienes que ir a la cita con la esperanza de que esta persona sea la "elegida", sino más bien alguien con quien puedas ser amigo primero. La realidad es que ambos buscan encontrar una pareja, alguien con quien puedan disfrutar pasar el tiempo haciendo actividades y cosas divertidas juntos.

Como Norman Vincent, el autor del libro, El poder del pensamiento positivo, dijo: "Cambia tus pensamientos y cambiarás tu mundo".

Gratitud

Una vez que comiences a amar quién eres como persona y expreses tu gratitud por las cosas que tienes, más rápido podrás tener relaciones significativas y reales con los demás. En lugar de poner toda tu energía y atención en las cosas que no tienes, concéntrate en amarte a ti mismo y estar agradecido por todas las cosas hermosas en tu vida actualmente. Puedes comenzar de a poco agradeciendo por el techo sobre tu cabeza, tus amigos y familiares, todas las pequeñas victorias en tu vida diaria.

La gratitud debería incluso provenir de aquellos con quienes has salido en el pasado, porque sin su influencia en tu vida no serías quien eres hoy. No hubieras tenido la oportunidad de crecer como persona y aprender lo que no quieres en una pareja y, por el contrario, lo que finalmente buscas en una pareja. La gratitud también te permitirá elevar tus vibraciones internas, fomentar la paz interior, perdonar, olvidar y liberar el resentimiento y la ira.

Usa un diario de citas

El viaje de las citas nunca es un camino directo será una serie de altibajos, paradas y comienzos, debes ser conscientes de tus experiencias y documentarlas no solo para ver el progreso, sino para apreciar las lecciones que cada uno brinda. En lugar de ver cada experiencia como un fracaso, comenzarás a comprender que estás en un viaje con un propósito.

En el fondo, tu éxito proviene de tu propio crecimiento y evolución durante este viaje. A continuación, hay tres preguntas para anotar en tu diario después de cada fecha:

¿Qué disfruté de esta fecha?

¿Qué tanto aprendí sobre mí mismo gracias a esta persona?

¿Aprendí algo gracias a esta persona?

Usa estas entradas como bloques de construcción para formar la base. Cuando buscas activamente lo que es hermoso en otra persona, siendo genuinamente curioso y reflejas esos aprendizajes sobre ti mismo, aprenderás no solo a quererte más, sino que también encontrarás amor y compasión en lugares inesperados.

Empieza a anotar tus experiencias, me agradecerás después.

Cambia tu rutina

A veces, en mi vida diaria, iré fuera de mi camino normal para perderme. Esto me obliga a salir de la rutina sin sentido y experimentar algo nuevo. He descubierto que esto mantiene mi mente activa y es una excelente manera de cambiar las cosas. ¿Cómo se relaciona esto con las citas?

Déjame preguntarte, ¿cuándo fue la última vez que cambiaste tu rutina y conociste a alguien o tuviste una experiencia inesperada porque no seguiste tu estilo de robot?

Cambiarla puede ser algo tan pequeño como tomar una ruta diferente a tu trabajo, recorrer una calle diferente, emprender una aventura inesperada o incluso usar un color diferente que pueda entablar una hermosa conversación.

Esto puede ir tan lejos como expandir tu red de amigos ofreciéndote como voluntario en una causa que considera que merece tu tiempo. Ser un poco más casual puede ser estimulante, darte un empujón de energía y de confianza y para prepararte para más interacciones sociales. ¡Estas diferentes experiencias también se pueden usar como puntos de conversación que lo convierten en una persona más interesante!

El punto es que, como humanos, tendemos a sentirnos cómodos en una rutina que es monótona y, a menudo, olvidamos condimentar las cosas. ¡Haz algo diferente!

Mantén una mente abierta

Deja las nociones preconcebidas de cuál es tu "tipo" y mantén una mente abierta. Cuando bajes la guardia y abras tu corazón, la magia comenzará a suceder. Verás, cuanto más filtros y exigente seas, menos probabilidades tendrás de encontrar una buena pareja.

"Solo me atraen las morenas", "Tengo que casarme con alguien de mi misma fe religiosa", "Solo salgo con hombres altos".

¿Te suena familiar?

Cuando se trata de citas, preventivamente emitimos juicios acerca de con quienes queremos estar o evitar. El problema con esto es que este tipo de pensamiento puede ser auto-sabotaje. Si pones grandes restricciones en tu grupo de citas, obstaculizas tus posibilidades de encontrar la felicidad. Piénsalo, las citas, en su forma más básica, se trata de experimentar y probar cosas. Entonces, abre tu corazón y tu mente y abraza diferentes "tipos" de citas.

A menudo son las relaciones en las que las parejas tienen más diferencias las que tienden a ser más felices. Entonces, sal, deja los prejuicios y sorpréndete con un nuevo tipo de citas.

Capítulo 3. Saliendo al mundo real

Las citas obligan a un introvertido a hacer exactamente lo contrario de lo que se siente cómodo haciendo, ser social e interactuar con otros humanos. Sin duda, esta puede ser una tarea abrumadora. Por eso es importante leer los pasos anteriores.

Estás blindado con una mentalidad inquebrantable y no solo te sientes cómodo con tu nueva vestimenta, sino más importante, con tu propia piel.

Con este nuevo impulso de confianza, es hora de salir al mundo real. Llevémoslo al siguiente nivel.

A medida que te aventures en el mundo social, observa tu entorno y selecciona tu escena con cuidado. Es posible que el club nocturno no sea el mejor lugar para comenzar tu viaje, ya que es fácil que te sientas abrumado por la sobrecarga sensorial. No hay nada de malo en tomarlo con calma. Si Roma no se construyó en un día, tampoco lo hará tu nivel de comodidad en nuevos entornos.

En cambio, un enfoque más práctico es comenzar con lugares familiares que te interesen. Tal vez realmente disfrutes de los museos de arte, que casualmente también son una gran cita nocturna.

El beneficio de hacer cosas que te interesan es que probablemente encontrarás otras personas que comparten tus mismos intereses.

Sal con amigos

Cuando estás con amigos, existe una sensación inherente de seguridad y confianza en los entornos sociales. Hazte un favor y, al menos, encuentra un conocido que te apoye en tu búsqueda para encontrar una cita. Lo que quieres evitar es ser la persona que se sienta en la esquina y se ve patética.

No es de extrañar que salir con un grupo de amigos sea una de las mejores maneras de no sentir la típica "presión de las citas". Es una forma de sentirse verdaderamente relajado y aliviar la presión de encontrar la "elegida". Simplemente puedes salir, divertirte, obtener un impulso adicional de confianza para acercarte a una cita potencial y dejar que las cosas tomen su camino.

Esto también te da la ventaja de tener una idea para posibles citas a tu propio ritmo. Al igual que con un conocido, estar con un grupo puede ayudarte a evitar presentaciones incómodas y romper el hielo en tu nombre. Todo lo que queda por hacer es mantener el impulso de la conversación.

Tips de supervivencia a citas a ciegas

Como introvertido, es posible que tengas la suerte de tener amigos que quieran prepararte para una cita a ciegas. Siempre que tengas la oportunidad de ir a una cita a ciegas, deberías aceptar felizmente la oferta. Aunque después de la cita puede no evolucionar en algo más allá de la amistad, lo cual está bien, pero puedes usar la experiencia para practicar y sentirte más cómodo en la escena de las citas. Una cita a ciegas puede ser una situación impredecible porque la premisa generalmente se basa en que los amigos piensan que usted y la otra persona han compartido similitudes y se llevarían bien. Sin embargo, también puede ser la receta perfecta para el desastre. ¡A continuación hay algunos consejos para sobrevivir a una cita a ciegas y divertirse!

Recuerda ser positivo

Quieres ir a la cita a ciegas sintiéndote seguro y con la mentalidad correcta de que las cosas saldrán bien. Recuerda, la mentalidad es clave para pasar un momento maravilloso. Cuanto más bajes la guardia y te diviertas, más agradable será la experiencia.

Aprende acerca de tu cita

Es importante hacer una pequeña de investigación de tu parte para descubrir gracias a tus amigos qué es lo que disfruta tu cita a ciegas. Prepárate para el éxito. Si se han conocido en línea, siéntete libre de revisar su perfil en línea nuevamente antes de reunirte para que tengas frescos en tu mente sus intereses. Por supuesto, tendrás una pequeña ventaja si ya han conversado alguna vez antes de la cita.

Elige un sitio familiar

Cuanto más cómodos estén ambos, mayor será la probabilidad de que la cita transcurra sin problemas. Las ubicaciones desconocidas pueden provocar incidentes inesperados y elevar los niveles de ansiedad por las nubes. ¡El territorio familiar marca una diferencia significativa en tu habilidad para estar tranquilo y enfocar más tu atención en lo que más importa, disfrutar de tu cita!

Limita la cita a una hora como mucho

¿Alguna vez has estado en una cita y estaba yendo terriblemente, pero aún te comprometiste a cenar, al cine y al helado después? Estar atrapado con la persona durante toda la noche es una de las peores situaciones en las que puedes estar. En cambio, practica lo que yo llamo la "Regla de 1 hora" o "La regla de 1 bebida máxima".

La idea es simple: mantener las cosas cortas, dulces y al punto. Quieres poner las probabilidades a tu favor para poder irte si las cosas no van bien, y esto se puede lograr fácilmente. Al organizar, díle a tu cita que solo tienes una (1) hora como máximo para tomar un café o una bebida porque tienes otras obligaciones tentativas.

La palabra clave aquí es "Tentativas".

Si, después de una hora, la cita está yendo bien, puede pretender hablar con sus amigos y decirle a su cita que cancelaron repentinamente los planes. Como polo opuesto, si las cosas no van bien, tiene una excusa para irse después de una hora. Otro enfoque es irse aún después de que haya pasado una hora. Esto les brinda a ambos la oportunidad de reflexionar sobre cómo fueron las cosas y planificar una cita "adecuada" en el futuro. No hay necesidad de precipitarse en al principio de todos modos. Debes tener en cuenta que este consejo no se aplica si tienes una actividad planificada para su primera cita, como mini golf o bolos, por ejemplo.

Sé inquisitivo

¡Permite que la otra persona te conozca y siente verdadera curiosidad por conocer acerca de ellos también! Usa preguntas abiertas que hagan que la persona responda con más que un "sí" o "no".

Ya sea una cita a ciegas, con un grupo de amigos o una cita más "tradicional" con alguien con quien estés familiarizado, tener confianza es un tema común para garantizar que las cosas se desarrollen lo mejor posible. Es imposible predecir el resultado de cada situación, pero como puedes ver, hay varias formas de maximizar el disfrute para todos los involucrados.

Capítulo 4. La cita

La clave para conquistar tu confianza social como introvertido es tomar el asunto en tus propias manos. Debes ser proactivo en la forma que mejor se adapte a tu personalidad. La principal diferencia entre introvertidos y extrovertidos se reduce inevitablemente a lo que alimenta y agota sus niveles de energía.

Para los introvertidos, los entornos sociales como bares, eventos grandes, fiestas y clubes a menudo agotan su energía. En cambio, valoran su tiempo a solas, a menudo necesitan recargarse en entornos aislados o tranquilos en grupos más pequeños con amigos cercanos.

Teniendo esto en cuenta, el consejo tradicional de tirarte al aire libre en la escena nocturna no siempre tiene que ser la respuesta.

En cambio, puedes adoptar un enfoque más proactivo y buscar actividades y entornos que aún te permitan sentirte cómodo.

Sorprendentemente, algunas de las mejores maneras de encontrar posibles citas son durante el día en conferencias, reuniones e interacciones diarias. Durante el día, el estado de ánimo es diferente, las expectativas de citas se vuelven lo que permite interacciones más casuales y orgánicas. Lo que es más, encontrarás que los "escudos o guardias defensivos" de las chicas a menudo bajan haciéndolas un poco más accesibles. Sea proactivo sobre estas oportunidades y mantenga su ojo abierto.

Siempre he descubierto que cuando busco una cita activamente, nunca sucede cuando quiero. Es mejor dar la bienvenida a la idea de que una potencial cita podría aparecer en tu vida cuando menos lo esperes, pero depende de ti aprovechar la oportunidad e iniciar la conversación.

Sugerencia practica

El miedo al rechazo es peor que el rechazo en sí. La próxima vez que se presente una oportunidad, ya sea en el museo, el gimnasio, la tienda de comestibles, la biblioteca o incluso alguien que te llame la atención en la calle, pídeles ir a por una taza de café o incluso un té si eso es lo que prefieres. ¿Qué es lo peor que puede pasar? Que digan que no". Por lo menos reuniste el coraje para preguntar.

Cómo invitar a alguien a tomar un café sin dar miedo

La confianza es un rasgo muy atractivo. No es ningún secreto que la mayoría de las chicas prefieren hombres que se les acerquen tengan un poco de confianza en sí mismos. Con una fuerte convicción puedes captar fácilmente su atención. Comienza acercándote a ella con una sonrisa y recuerda hacer contacto visual directo. El contacto visual es importante porque también es un fuerte indicador de tu seguridad en ti mismo.

Presta atención a su lenguaje corporal. ¿Están cruzados sus brazos? ¿Hace contacto visual directo contigo? Si sonríes y ella te devuelve la sonrisa, es una buena señal de que no se siente amenazada. Mantén una distancia saludable entre ella y tú, teniendo en cuenta no cruzar a su espacio personal o territorio incómodo. Una de las formas de ser consciente de esto es dar un paso leve pero no agresivo hacia ella mientras conversan. Si ella retrocede, puedes retroceder un poco para mantener una distancia saludable.

Evita invitarla a tomar un café de inmediato. En lugar de eso, sé tú mismo, con las manos a la altura de la cintura tranquilas, frescas y recogidas con una postura erguida. Para romper el hielo, puedes complementarla con lo que lleva puesto o el libro que podría estar leyendo. Procede haciéndole una pregunta abierta que le permita darte una respuesta significativa y no solo una respuesta de "Sí o no".

Después de un poco de conversación, puedes pasar a invitarla a salir. Preguntarle si quiere tomar un café es una petición casual, por lo que no tiene que ser complicado en absoluto. "Me encantaría aprender más sobre ti. Hay una excelente cafetería cerca, ¿Te interesaría ir en algún momento esta semana o la próxima?". Con respecto al plazo y la ubicación, la solicitud debe ser flexible pero también específica, esta semana o la próxima semana en este lugar, para que le resulte fácil aceptar tu invitación.

Con una mentalidad proactiva, debes establecer objetivos para conocer nuevas personas semanalmente. Constantemente desafíate asistiendo a diferentes eventos. Quieres evitar el "Netflix y relajarse contigo mismo" tanto como sea posible. Para hacerte responsable, puedes escribirlo en su diario o tener un amigo responsable que te ayude a mantenerte bajo control. Incluso podrías llegar a un acuerdo con tu socio de darle $ 100 si no cumples con tu cuota de asistir a un nuevo evento cada semana.

Cuanto más socialices y superes tu zona de confort, más fácil será hacer nuevas conexiones, tener conversaciones más significativas y conocer posibles citas. Comienza lentamente con este proceso, pero siempre recuerda dejar tiempo para recargarte y recuperar energía.

Demasiado de cualquier cosa puede ser estresante y aumentar tu ansiedad.

Noche de cita

Es fácil dejarse llevar por la creencia de que la "noche de cita" se trata de ir a bares y estar en la escena social o ir a una película donde hay falta de interacción y no puedes conocer a la persona para nada. Peor aún, los bares y la cena a menudo están plagados de pequeñas conversaciones.

De hecho, a menos que ya conozcas a la persona, evita la típica cena y película a todo costo

Afortunadamente, hay una variedad de opciones de citas discretas para introvertidos que también pueden convertirse en un momento agradable. Las citas que tienen algún tipo de distracción y también tienen un marco de tiempo limitado son ideales para introvertidos.

Aquí hay algunas ideas de citas nocturnas para que la creatividad fluya y permita romper el hielo con facilidad.

Mini golf

El mini golf es una opción sólida porque se trata de divertirse. No es un ambiente ruidoso, pueden ser solo ustedes dos y también les permite conocerse.

Bowling

Otra opción divertida que les permite a ambos interactuar y construir una conexión emocional sin la presión de estar sentados frente a frente preguntándose de qué hablar.

Jugar a un juego de mesa

Esta es una forma increíble de silenciar el teléfono, obtén algo de comida y bebida, y disfruta de una competencia amistosa mientras conoces a la otra persona.

Visita un museo de arte

Un introvertido ciertamente sabe apreciar un museo de arte. Por lo general, son tranquilos y, si los visitas en el momento adecuado, la probabilidad de que esté abarrotado es escasa. Además, ambos pueden hablar sobre su amor por el arte en paz y tranquilidad.

Tener una noche de vino y pintura

Lo genial de esta idea es que no solo es un evento que se ofrece con bastante frecuencia en toda la ciudad, sino que también puedes hacerlo en casa. Hay algo que decir sobre bajar la guardia, ser creativo y tomar un delicioso vino.

Estas son solo algunas ideas para que sea más fácil la cita para ti y que la disfrutes. Si vives en un área donde Groupon.com o Meetup.com tienen ofertas, esta es una manera fácil de ver qué cosas divertidas están sucediendo en tu área. Es normal sentirte nervioso, y tu cita probablemente también se sienta un poco nerviosa. ¡Así que recuerda relájate, se juguetón e intentar divertirte!

El seguimiento

El seguimiento es tan importante como la cita en sí. Muchas veces, esperamos demasiado tiempo para hacer un seguimiento y esto puede enviar un mensaje incorrecto. Por alguna razón, la idea de que uno debe esperar al menos tres días después de la cita antes de contactar al otro nuevamente se ha hecho popular. Te diré en este momento que es una idea horrible.

Si estabas conectado con la otra persona y estás realmente interesado en salir de nuevo, entonces evita que adivinen cómo te sientes. Tener citas es lo suficientemente estresante y quedarse en la oscuridad apesta. Tómate el tiempo para enviar un mensaje reflexivo la tarde del día siguiente, a más tardar.

El mensaje puede ser tan simple como:

"Hey (nombre), Realmente disfruté salir contigo hoy/esta noche. Me gustaría llegar a conocerte mejor si estás interesada.

Pan comido, ¿verdad? Un mensaje simple no solo transmitirá que la pasaste bien, sino que le dará la oportunidad a la otra persona de expresar sus sentimientos y aclarar si está interesada en salir de nuevo.

Por otro lado, si crees que la cita no fue buena o que no son compatibles entre sí, NO hagas planes futuros. Con frecuencia, las personas se saldrán con la otra persona por puro aburrimiento o por miedo a herir sus sentimientos. Es mejor adoptar el enfoque o "¡demonios sí!" O "no". Si te no sientes al 100% con ganas de pasar otro segundo con esa persona, es un simple "no". Esto elimina las conjeturas y la indecisión, sin mencionar que tomar una decisión final es un soplo de aire fresco.

No te preocupes, como dice el refrán, "hay muchos peces en el mar". Serás más feliz a la larga si eres paciente y gastas tu energía y esfuerzos en alguien con quien sea compatible.

Conclusión

A primera vista, las citas pueden ser una experiencia delicada y abrumadora, pero con la mentalidad y la paciencia adecuadas, las encontrarás cada vez menos desalentadoras. No hay mejor sensación que encontrar a alguien con quien puedas compartir tu vida. Al final, las luchas que inevitablemente enfrentarás valdrán la pena. Tómate el tiempo para revisar estos capítulos nuevamente y deja que este poderoso consejo marine. Lo único que te impide romper las barreras mentales es confrontar tus creencias limitantes de frente. Usa cada día al máximo y toma cada fracaso como una bendición para tener más confianza en ti mismo y acercarte al objetivo. Sé fiel a ti mismo y entiende que antes de ser completamente feliz y amar a alguien sin condiciones, primero debes amarte a ti mismo.

Es hora de tomar acciones y crear la vida que mereces.

Buena suerte.

Libro 4. Hablar en público

Métodos y Estrategias Simples y Efectivas para Superar la Timidez, Generar Confianza, Aumentar la Persuasión y Ser Excelente en el Discurso Público

Introducción

Cuando escuchamos las palabras "Hablar en público", lo primero que nos viene a la mente es un discurso de graduación o un político dirigiéndose a la multitud como parte de su campaña, tal vez un actor agradeciendo a sus fanáticos después de recibir un premio. A nivel personal, puede significar hacer una presentación en la escuela o en el trabajo. Además, la imagen que tenemos de un orador público es alguien articulado y confiado con una apariencia impecable, un tipo de líder. A menos que nuestra profesión requiera que hablemos con frecuencia en público, es bastante raro encontrarnos en una situación en la que tendremos que dirigirnos a una multitud. Continuamos por la vida, creyendo que hablar en público no es una habilidad beneficiosa y, en última instancia, algo que no necesitamos aprender. Sin embargo, lo menos que se puede decir sobre esta mentalidad es que es limitada e incorrecta.

Si bien la mayoría de las personas piensan que hablar en público es el acto formal de comunicar información frente a una audiencia en vivo, en realidad, es en casi todas las situaciones que requieren que nos dirijamos a un grupo de personas para informarles sobre algo e influir en ellos de alguna manera. Eso todavía puede sonar como algo que solo los líderes tendrían que hacer, pero no es así.

Hablar en público no es exclusivo de las personas que deben dominarlo como parte de su profesión; literalmente, cualquiera podría necesitar hablar en público en cualquier momento.

Es posible que necesites dar un discurso en la boda de tu mejor amigo, la habilidad de hablar en público serían un conjunto muy importante de herramientas que poseer para transmitir palabras hermosas y conmovedoras en un evento importante en la vida de una de las personas más cercanas a ti. Dirigirse a una multitud en un momento como ese sin esas habilidades puede convertirse rápidamente en una experiencia embarazosa tanto para ti como para tu mejor amigo. Otro ejemplo es una recaudación de fondos. Puede haber un momento en tu vida en el que necesites recaudar dinero para una causa y en ese momento, querrás hablar de una manera que les diga a las personas a las que te diriges qué tan importante es esa causa en particular para ti y cuán apasionado eres. Tu pasión brillará lo suficiente como para impulsarlos a adoptar una causa así y donar para tu beneficio.

Debes haber notado al asistir a un evento o al mirar la grabación de un gran orador público, cómo te motivan a actuar y te inspiran a hacer un cambio, es como si exudaran confianza y carisma. Todo lo que dicen es edificante, así como también cómo lo dicen. Lo hacen de una manera que parece sin esfuerzo e incluso podrías llegar a pensar que es algo natural para ellos y aunque eso puede ser cierto para algunos, en la mayoría de los casos, hablar en público es un arte en el que tuvieron que aprender e invertir tiempo y esfuerzo.

Dominar cómo hablar en público no solo te ayuda a desarrollar confianza y aprender a expresarte de manera elocuente, sino que también mejora tus habilidades de comunicación y te enseña a argumentar un punto de manera convincente. En el mundo actual, las habilidades de comunicación realmente importan para resolver problemas, transmitir conocimientos y progresar en varios aspectos de la vida.

Hablar en público es algo que elevaría o rompería la carrera de una persona en el mundo de los negocios. Por ejemplo, cuando los empresarios tienen una idea que les gustaría convertir en un proyecto, tienen que presentarla. Eso significa que tienen que discutir los beneficios que produciría el proyecto y por qué sería una inversión rentable. No solo eso, hablar en público también los ayuda a atraer clientes y aumentar las ventas. Tienen que hacer esto a menudo, practicando y perfeccionando sus habilidades de hablar en público todo el tiempo, aumentando su confianza ya que tienen que parecer seguros de sí mismos.

Si todavía crees que hablar en público no es tu escena, piensa en tus amigos que tienen que hablar en público como parte de su trabajo. Por lo general, son los primeros en participar y liderar un juego o una actividad en una reunión y lo hacen bien, exaltando a todo el grupo y convirtiendo la salida en una aventura divertida, ya sea que todos se hayan reunido para tomar pizza en el local de comida rápida, en una acampada, son divertidos, confiados e inteligentes y todos los admiran. También son excelentes para conocer gente, siempre hacen nuevos amigos y conexiones, hacen que crear contactos parezca fácil.

Hablar en público es una habilidad muy solicitada en el lugar de trabajo, principalmente porque los empleadores quieren personas que puedan representar bien a la empresa y no solo en eventos formales de marketing, saben que una oportunidad de expansión puede presentarse en cualquier momento y quieren a la persona presente para poder aprovechar esas oportunidades. No solo eso, sino que los actores, cantantes y escritores tienen que dominar el hablar en público, ya que tienen que promover su trabajo y asistir a conferencias donde tienen que hablar de su último lanzamiento, por lo que realmente no se trata solo de negocios y política. Incluso los YouTubers famosos asisten a eventos como Comic Con e interactúan con sus seguidores.

Aunque hablar en público es muy beneficioso, para algunas personas, la idea es aterradora debido al temor de actuar frente a una gran multitud o hablar con la gente en general. Sin embargo, ya sea que sufras ese tipo de ansiedad o te sientes perfectamente cómodo dirigiéndote a extraños, pero te falta pulir tus habilidades para hacerlo, este libro tiene lo que necesitas para ayudarte a dominar el arte de hablar en público. Tú también puedes ser tan bueno como un profesional al aprender cómo funciona el hablar en público, lo que llevará tu discurso a otro nivel si lo prácticas con frecuencia.

Aunque hay algunas habilidades que son difíciles de obtener, hablar en público realmente no es una de ellas. Tienes todo lo que necesitas para desarrollar y dominar este oficio y usarlo para hacer tu vida aún más interesante. Una vez que lo hayas dominado, hablar en público puede abrirte puertas que ni siquiera sabías que existían y te permitirá disfrutar de increíbles nuevas experiencias. El objetivo principal de este libro es ayudarte a llegar a ese punto, te enseña cómo funciona hablar en público y te brinda consejos y trucos para llevarlo al siguiente nivel. El dominio de hablar en público es beneficioso en una variedad de formas, ya que promueve el autodescubrimiento, permite la autoexpresión y, en última instancia, genera confianza.

La comunicación efectiva se considera el ancla clave en la navegación de la sociedad porque puede usarse para influir en las decisiones, inculcar el cambio y formar conexiones de por vida.

¿Que estas esperando? Presta atención a las siguientes páginas y comienza a absorber el conocimiento que te hará un mejor orador público. Puedes ser esa persona que transmite palabras motivadoras a las masas e ínsita a la multitud a probar cosas nuevas. Tienes el poder de convertirte en una persona de negocios que convencerá a los inversores para que apoyen un proyecto revolucionario o incluso el padrino o madrina que pronuncie un discurso elocuente en una boda.

¡La situación está en tus manos ahora!

Capítulo 1. Entendiendo la importancia de hablar en público

Cuando tienes que hablar en público, es muy importante que conozcas el contexto de tu discurso. ¿A quién te dirigirás? ¿De qué hablarás? ¿Cómo introducirás los puntos que estarás presentando? Estas son algunas de las preguntas que debes hacerte en la fase de preparación. Ten en cuenta que no solo estarás allí para hablar y ser escuchado. TÚ quieres que esas personas escuchen tus ideas y las adopten para sí mismas. Quieres su apoyo. Quieres que te escuchen y se aferren a cada una de tus palabras. Después de todo, estas personas vinieron a tu evento esperando ganar algo de ti. Una vez que sepas cómo hacerlo, entusiasmar a la multitud puede convertirse en una de las mejores cosas que has hecho en tu vida.

Hablar en público tiene dos fases principales:

- La fase de preparación
- La fase de ejecución

La fase de ejecución ocurre cuando llegas allí y comienzas a hablar. La fase de preparación es todo lo que sucede antes de eso. Cuando se hace correctamente, las dos fases darán como resultado un gran discurso en el que habrías comunicado eficazmente todos tus pensamientos e ideas. Si falta una de las fases, lo más probable es que el discurso falle.

Piénsalo de esta manera, si tienes un buen tema para hablar y un discurso perfectamente escrito, ¿será un éxito si no puedes transmitirlo correctamente? Por otro lado, no importa cuánto espíritu puedas infundir en tu discurso si es hueco para empezar. Si hablas de cosas que no importan, a la gente simplemente no le importará lo suficiente como para recordarlas. Si bien hubieras logrado atraer su atención, habrías fallado en causar un impacto.

Entiende el contexto

Hablar en público es una herramienta que se utiliza en prácticamente todos los campos. Ya sea que necesites hacer una presentación en la escuela, exhibir un proyecto a clientes potenciales o incluso convencer a tus vecinos para que adopten gatitos del refugio en el que te ofreces como voluntarios. Comprender el contexto de tu discurso puede ayudarte a elegir el enfoque correcto para hacerlo. No se puede hablar de ganancias y lucro cuando se habla de un gatito, ¿verdad? Tienes más posibilidades de encontrar un hogar para el pequeño felino al hablar de lo lindo que es y de la calidez que una persona puede obtener al cuidar a una mascota.

Otro aspecto a tener en cuenta acerca del contexto es el entendimiento de tu audiencia. Para atraer al público, debes asegurarte de hablar sobre algo que les interese. Las personas que te escucharán deben estar dispuestas a prestarte atención y estar listas para colaborar contigo. Hacer tu investigación sobre tu audiencia de antemano te ayudará a elegir las palabras correctas y a decirlas de una manera más significativa para generar interés cuando hables, lo que resultará en una audiencia más receptiva.

Sé auténtico

En otras palabras, sé tú mismo. Eres una persona única con cualidades únicas, aprende a utilizar esas cualidades a tu favor al proferir tu discurso y resultará excelente. Además, ser uno mismo mientras eres el centro de atención te ayudará a tener más confianza ya que sabrás que estás siendo tú mismo y no una fachada de la que desharás una vez que termine el discurso. Tus movimientos también serán más consistentes con lo que estás diciendo, ya que actuarás de forma natural. No intentes imitar el estilo de los oradores públicos famosos, sus movimientos y su forma de hablar funcionan mejor para ellos y pueden arruinar tu discurso si los tocas con torpeza. No querrás que tu audiencia se distraiga con tus payasadas mientras deberían centrarse en tus palabras.

Domina tu tema

Elegir un buen tema es el primer paso crítico, lo que debes hacer a continuación es investigar. Comprender tu tema no solo te ayudará a escribir un discurso increíble, también será útil cuando olvides partes de él, ya que podrá reformular y expresar la idea principal de manera diferente; o en caso de que te hagan preguntas después del discurso. Cuando comprendas bien algo, inevitablemente te sentirás más cómodo al hablar de ello, ya que estás seguro de sabes de qué estás hablando. Estás en tu elemento y una vez que comiences a hablar, puedes en expresarlo correctamente en lugar del contenido.

Improvisa cuando sea necesario

La improvisación puede ser intimidante para algunas personas cuando hablan en público, pero a veces puede ser tu única opción en caso de que las cosas no salgan según lo planeado. Si bien puedes dominar completamente tu tema, contenido y rendimiento, siempre habrá cosas más allá de tu control, como el escenario, las dificultades técnicas electrónicas y la variable más impredecible de todos: la audiencia.

Un problema que no se tenga en cuenta puede surgir en cualquier momento. Podría ser una escasez de energía que provoque la pérdida de información clave en los que confías para ayudar a la audiencia a entender de qué estás hablando, un aguacero repentino en el escenario que se estableció afuera o incluso una pregunta o comentario inesperado de alguien en la audiencia. No importa lo que sea, mantén la calma y piensa en una forma de resolver ese problema.

Puedes usar una pizarra blanca y marcadores para presentar la información faltante, pedirle al personal que cierre la puerta para ayudar a que tu voz se transmita mejor o trasladarse a un lugar seco para contrarrestar el problema de la lluvia. En cuanto a las preguntas difíciles, no hay vergüenza en pedirles que reformulen la pregunta para que puedas entenderla mejor. Si has realizado tu investigación correctamente, tendrás una gran comprensión de los temas y una mejor oportunidad de responder preguntas inesperadas que puedan surgir.

Haz gala de tus puntos fuertes

Todos somos diferentes y tenemos cualidades únicas. Algunos de nosotros somos enérgicos y podemos llevar alegría y emoción a una habitación, otros saben cómo contar una historia atractiva y pueden captar fácilmente el interés de la audiencia y hay quienes son muy apasionados y se nota en la forma en que hablan y se mueven. No importa cuál seas, hay más de una forma de dar vida a una multitud, solo necesitas saber cuáles son tus puntos fuertes y utilizarlos en tu beneficio para conectarte con tu audiencia y dar un discurso poderoso. Si no sabes cuáles son tus puntos fuertes, pregúntale a las personas que te rodean. Aquellos que te conocen mejor, como amigos y colegas, podrán compartir contigo tus puntos fuertes y las áreas que podrías mejorar. Simplemente pídeles que pasen un tiempo contigo, para que puedas ensayar tu discurso con ellos y obtener comentarios positivos y constructivos.

Capítulo 2. La importancia de construir confianza

Para dar un discurso que no solo resuene con la audiencia, sino que los mantenga interesados, es extremadamente importante tener confianza. Este es también el caso cuando se habla en público. Al dar un discurso frente a una audiencia, es importante comunicar que crees en lo que estás diciendo y que estás seguro de sí mismo. La confianza también ayudará a que tu discurso se desarrolle sin problemas a medida que lo das ya que te sentirás confiado acerca de tus habilidades para hablar en público, sabes que lo estás haciendo correctamente y sabes que dominas el tema en cuestión. La confianza te ayudará a parecer como si todo estuviera bajo tu control.

No tener confianza en ti mismo puede haber resultado de una falta de educación o tal vez no se le dio importancia a este rasgo cuando eras joven y, por lo tanto, nunca se te dio la oportunidad de desarrollarlo. También puede haber sido causado por algo que sucedió que afectó tu autoestima, tal vez fuiste ignorado mientras hablabas o te dijeron que te callaras cuando sentías que tenías algo importante que decir. Para construir tu confianza, debes estar listo para dejar de lado lo que te haya sucedido en el pasado y cambiar tu forma de pensar. La confianza es un sentimiento, un estado mental y, para construirlo, debes convencerte de tu propia valía. También debes cambiar tu actitud hacia el fracaso y comenzar a verlo como un motivador para esforzarte más.

Ser un orador público con confianza significa que puedes dar tu discurso sin mostrar signos de miedo o nerviosismo. Las personas que te escuchen verán a un individuo tranquilo y sereno que está seguro de lo que está diciendo. Para lograr esto, tienes lidiar con lo que te pone nervioso y superarlo, no solo alejar tus nervios y fingir que no están allí. Una vez en el escenario, es posible que te sientas abrumado por la cantidad de personas que te escuchan y todos esos sentimientos que mantuviste a raya inundarán tus sentidos al mismo tiempo. La confianza no es la falta de miedo, la confianza es la capacidad de enfrentar ese miedo y lidiar con él adecuadamente para que se convierta en un activo en lugar de una deficiencia.

Puede confiar en los siguientes pasos para superar su miedo y aumentar tu confianza

Abraza una imagen mental positiva

Tener una percepción positiva de uno mismo es uno de los ingredientes clave de la confianza. A menudo, lo que pensamos de nosotros es lo que más nos deprime; si crees que eres un fracaso, será muy difícil para alguien sacarte de esa mentalidad, pero si crees que eres un ganador, no hay persona alguna que te vaya a afectar si te dice lo contrario.

Aquí está el cómo puedes desarrollar una mejor imagen mental

- Imagínate hablando en público, o mejor aún, ten un ensayo con algunos amigos que actúen como tu audiencia y tome nota de cuáles de tus sentidos están más alertas, qué sientes mientras hablas y por qué te sientes de esa manera. Te sientes nervioso ¿Temeroso? ¿Confiado? ¿Emocionado? ¿Cómo se relacionan estos sentimientos con tu percepción de ti mismo?

- Cuando te imaginas hablando, ¿qué tan cerca estás de tu audiencia? ¿Te sientes más cómodo cuando están más lejos de ti? ¿Sientes una mejor conexión cuando te posicionas más cerca de las personas que están presentes? Intenta simular estas situaciones en tu ensayo con tus amigos, pídeles que acerquen o alejen sus sillas y vean con qué distancia te sientes más cómodo y te hacen sentir más seguro.

- Si alguien en la audiencia te molesta porque no te está prestando atención o te pone los ojos en blanco, imagínatelo con unas tontas orejas de gato o imagina que está sentado en una silla de bebe en lugar de una silla, esto puede sonar contradictorio, pero al hacerlo, la sensación abrumadora de ansiedad y tus nervios se calmarán.

- Presta atención a la audiencia. Si están en silencio, te están prestando atención, si se ríen después de alguna broma que hayas hecho para aligerar el ambiente, están en sintonía y comprometidos contigo. Sus reacciones a tu discurso pueden ayudarte a continuar y aumentar tu confianza.

Visualiza el éxito cuando tengas que hablar en público

Siempre que te imagines hablando en público, imagina que lo estás haciendo con confianza. Si crees que no tienes confianza, se verá reflejado en tu desempeño y tu discurso se arruinará. Tus pensamientos influyen directamente en tu rendimiento, por lo tanto, ponerte en el estado mental positivo correcto te ayudará significativamente cuando te enfrentes a la multitud.

Así es como puedes visualizar tu éxito mientras habla en público

1. Los ejercicios de respiración siempre han sido una excelente manera de controlar eficazmente el nerviosismo y la ansiedad. Cierra los ojos, respira hondo y exhala lentamente. Imagina mientras respiras que estás inhalando una nube de confianza y exhalando una de miedo y nervios.
2. Imagina la reacción del público a lo que dices. Imagínate hablando con confianza e imagínalos mirándote con asombro, colgado de cada una de tus palabras. Están impresionados y disfrutan mucho su discurso.
3. Después de decir las palabras finales de tu discurso, sal del estado de ánimo que tenías cuando hablabas y piensa en la confianza y el poder que tenías cuando diste tu discurso. Mira lo contento que está el público con tu actuación mientras te dan una ronda de aplauso.
4. Confía en estas técnicas de visualización cada vez que vayas a hablar en público para aumentar tu confianza.

Reconoce y deshazte de la crítica interna

Como humanos, tendemos a ser nuestros peores críticos y eso es un hecho. Sin duda, eres muy duro contigo mismo y cada vez que fallas, sigues repitiendo tus errores y reprendiéndote una y otra vez en un círculo vicioso e interminable de pensamientos negativos y autocríticos. A veces, no provienen de tus defectos sino de palabras hirientes que otras personas te han dicho; palabras que te podrían haber dicho por celos y que probablemente ni siquiera sean ciertas.

Estos pensamientos negativos pueden dañar tu autoestima si te los crees y no los detienes cuando aparecen. Estos son los pensamientos a los que nos referimos como críticos internos.

Para superar estos pensamientos negativos y "matar al inevitable crítico interno". A continuación, encontraras algunos consejos simples que puedes comenzar a implementar ahora mismo.

Concéntrate en las victorias

Piensa en tus momentos exitosos, tantos o tan pocos como sean, cuando hablaste en público.

Esto te alentará a continuar, ya que te darás cuenta de que has logrado superar esas instancias. El hecho de que hayas obtenido una respuesta positiva de la audiencia también aumentará su confianza.

Reemplaza lo malo por lo bueno

Interrumpe el diálogo negativo que corre en tu cabeza y comienza a pensar en positivo. Una buena estrategia es pensar en dos (o más) cosas positivas por cada pensamiento negativo que tenga sobre usted.

Crea un alter ego

Aunque no se aconseja imitar a otros o "fingir" cuando das tu discurso, desarrollar una personalidad teatral puede ayudarte a superar los nervios y la ansiedad y aprovechar el lado más seguro de ti mismo. Una especie de alter ego. Alguien en quien puedas convertirte cuando hablas en público. Algunos artistas lo hacen y puedes ver la diferencia entre quiénes son realmente cuando hablan en programas de entrevistas y en quiénes se convierten en el escenario, y es simplemente increíble lo seguros y carismáticos que se vuelven.

Aquí es cómo desarrollar tu propia personalidad teatral sin miedo:

- Identifica tus mejores características como orador público. Resiliencia, compasión, frescura, puede ser cualquier cosa o cualquier cantidad de cosas. Concéntrate en esas características y úsalas para desarrollar tu personalidad.
- Presta atención a tus movimientos y lenguaje corporal mientras hablas. ¿Hablas mucho con tus manos? ¿Te quedas quieto? ¿Caminas alrededor del escenario? Identifica tu patrón y úsalo para convertirse en una versión más fuerte y segura de ti mismo en el escenario.

Una mezcla balanceada

Para convertirte en un orador público consumado, debes buscar tener un equilibrio perfecto entre la confianza y la certeza. Tú eres el responsable de mantener ese equilibrio ya que nadie tiene la capacidad de superar tus miedos por ti. Tú eres el encargado de practicar tus habilidades de hablar en público y mejorarlas a medida que avanzas.

Puedes empezar a confiar en ti mismo si crees firmemente en ti y una vez que lo hagas nadie podrá quitártelo.

Afirmaciones positivas diarias para dominar el hablar en público

Las afirmaciones son una forma efectiva de liberar emociones negativas y reforzar las positivas. Las emociones que no son aceptadas representan un aspecto del yo que está siendo juzgado. Estas emociones causan sensaciones en el cuerpo que anhelas o tienes aversión. Las afirmaciones repetidas también son una excelente herramienta para ayudar a reforzar los mensajes positivos e infundir confianza.

Siéntete libre de repetir las siguientes frases en el espejo varias veces en la mañana y antes de irse a dormir. Te sorprenderá el impacto duradero que esto puede tener para aumentar tu confianza.

Lista de afirmaciones para dominar el hablar en público

1. Hoy no tengo miedo.
2. Estoy agradecido por la oportunidad de contactar con otros.
3. Hablar con esta audiencia ha hecho que me sienta enérgico y emocionado.
4. Conecto con la audiencia naturalmente.
5. Mi mensaje es muy importante, la audiencia quiere recibirlo.
6. Disfruto escuchando el sonido de mi propia voz.
7. Me encanta presentar y compartir mis ideas.
8. Mis palabras tienen un efecto positivo en otras personas.
9. No puedo esperar para poner en práctica mis habilidades para hablar en público.
10. Soy un poderoso, valeroso e inspirador orador.
11. Me siento cada vez más y más cómodo hablando frente a otros.
12. Mis palabras son sinceras, voy a obtener un gran resultado.
13. Hoy, espero el éxito

"Ganas Fortaleza, coraje, y confianza con cada experiencia en la cual realmente te detienes a mirar al miedo a la cara y eres capaz de decirte a ti mismo, 'He pasado por este terror. Puedo hacerme cargo de lo que venga'- **Eleanor Roosevelt**

Capítulo 3. Creación y entrega del discurso

Como se mencionó anteriormente, ser habilidoso en la elaboración y presentación de un discurso son los dos elementos principales que hacen a un gran orador público.

Crear un discurso es lo que se denominó anteriormente como la fase de preparación. Es toda la investigación y la recopilación de datos, el bosquejo y la planificación del discurso, así como la organización adecuada para garantizar que tengas una buena idea. Todo esto es necesario para escribir un discurso memorable. Una vez hecho esto, puedes pasar a la fase de entrega o la fase de ejecución como se mencionó anteriormente.

La fase de entrega es lo que determina si eres un buen orador o no. Mientras entregas tu contenido a una audiencia, todas tus características positivas entran en juego. Tu confianza brilla a medida que hablas y tu dominio del tema se refleja en tu capacidad para comunicar elocuentemente la información de una manera significativa e impactante. Esto es lo que muestra a tu audiencia que has venido bien preparado y sabes de lo que estás hablando. También es en esta fase en la que cualquier falta de preparación o nerviosismo residual puede alcanzarte, por lo que es importante que estés lo más preparado posible.

Sugerencia práctica

Esto es lo que necesitas hacer para crear tu discurso:

Investigar y prepararte

Asegúrate de investigar a tu audiencia:

- ¿De dónde son?
- ¿Cuál es el rango de edad del grupo?
- ¿Cuál es su transfundo cultural?

Pregúntate estas cosas, ya que podrían ser relevantes para tu discurso y te ayudarán a conectarte con la multitud. Una vez la conexión este hecha, usa el tono de voz apropiado y entrega la información correcta. Trata de pensar en ti mismo como una parte más de la audiencia y piensa en lo que te gustaría obtener de este discurso. ¿Cuales son tus expectativas?

También es necesario investigar a fondo tu tema. Reúne tanta información como sea posible y comprende cada palabra que vas a utilizar. Esto es muy importante ya que sería bastante vergonzoso si te preguntaran sobre el significado de una palabra que usaste y no pudieras responder porque no lo sabes.

Vence la ansiedad

Es muy común que surjan síntomas de ansiedad durante un discurso público. Pueden venir en forma de respiración rápida, extremidades temblorosas, sudoración excesiva, tartamudeo y muchas otras cosas. Esto, claramente, puede interferir directamente con la entrega adecuada de tu discurso, ya que no estarás en condiciones de hablar con fuerza. Lo que es más, tu audiencia podría distraerse demasiado por tu estado de ansiedad y hacer que no puedan concentrarse en tu discurso y mensaje deseado, lo que obviamente sería algo malo.

Eso no quiere decir que no debas sentir miedo antes de hablar en público, sino que debes controlar ese miedo y cualquier sentimiento de aprensión. Usa estas emociones para potenciar tu discurso y motivarte para hacer lo mejor que puedas. Un sentimiento de fracaso, por ejemplo, te empujará a estar bien preparado y esa energía nerviosa se puede convertir en energía positiva que puedes usar para exaltar a la multitud.

Escribe tu discurso

Planear lo que dirá es de suma importancia si deseas que tu discurso sea fluido. Una apertura bien escrita puede establecer el tono de tu discurso y capturar el interés de tu audiencia. Luego, pasa suavemente al cuerpo de su discurso. Una vez que haya terminado, una cuidadosamente redactada declaración final que resuma su discurso tendrá un bello acabado.

Estos son algunos consejos para ayudarte a escribir tu discurso:

- **Haz tu introducción lo más interesante posible:** Puedes hacerlo presentando un hecho fascinante o utilizando una cita, una anécdota o incluso una pregunta. El objetivo aquí es capturar la atención de tu audiencia rápidamente antes de que te consideren poco interesante y pierdan interés.
- **Sé positive:** Una sonrisa, un tono brillante, una voz clara y un lenguaje corporal enérgico mantendrán a la audiencia interesada.

- **Implica a la audiencia:** Si es posible, al dar tu discurso, hazlo de manera que haga que la audiencia se sienta directamente preocupada. Indica el problema y la solución de una manera que les haga sentir que esas son acciones que pueden tomar para hacer un cambio.
- **Una poderosa conclusión:** Así como se suponía que la introducción atraería la atención de la audiencia, el cierre debería asegurarse de que tu discurso los impacte. ¡No puedes ser perezoso en este momento! Resume todo lo que has hablado y finaliza el discurso con un poderoso llamado a la acción. Tu conclusión debe inspirar a la audiencia a tomar algún tipo de acción.

Práctica, Práctica, Práctica

Decir tus palabras de diferentes maneras repetidamente puede ayudarte a encontrar el tono de voz correcto. Ensayar frente a personas que conoces puede hacer que hablar frente a una multitud de extraños sea una perspectiva menos desalentadora y practicar tu discurso te ayudará a comprender mejor tu tema. Este último punto se debe a que practicar hará que tu desempeño sea más natural, ya que estarás hablando de cosas que sabes en lugar de repetir las palabras que memorizaste.

Ensaya tu discurso tantas veces como necesites para que te tengas la suficiente confianza como para que puedas recirtarlo desde tu corazón.

Puedes comenzar practicando en tu habitación vacía, luego frente a un espejo. Después de eso, tener un amigo cerca para que te escuche puede ayudarte a detectar los pequeños errores que tú puedas haber pasado por alto después de estar expuesto a tu discurso durante mucho tiempo. Si es posible, aumenta la cantidad de personas que lo escuchan cada vez que practiques, ya que no solo servirá como una simulación de su audiencia futura, sino que gradualmente te ayudaran a acostumbrarte a presentarte frente a las personas.

Dominar el ritmo y los gestos puede servir como una forma de ayudarte a liberar la energía nerviosa y agregar más carácter a tu discurso. El movimiento es más interesante que quedarte quieto en la misma posición. También es muy importante recordar el contacto visual, ya que permite que la audiencia se sienta conectada a ti de manera individual.

Sugerencia práctica

Si hacer contacto visual te pone nervioso, mira la parte superior de la cabeza de las personas para emitir la ilusión de contacto visual. Sin embargo, asegúrese de cambiar su mirada regularmente para que parezca que estás mirando a diferentes personas.

También es importante incorporar estos movimientos a tu ensayo, ya que querrás que la gente te diga si un gesto en particular que haces parece demasiado peculiar o poco natural.

Establece el tono

El significado del tono aquí es el estado de ánimo general que deseas establecer a lo largo de tu discurso. Tu tono de voz, por otro lado, refleja tu nivel de confianza, tu estado mental actual y tu actitud que pueden ayudarte a establecer el estado de ánimo. Puedes parecer fuerte, encantador, identificable o cualquier otra cosa cuando usas el tono de voz correcto. Muchas veces, el tono se establece por la naturaleza del evento en el que estás hablando, como en una graduación, por ejemplo. Puedes establecer el tono incluso antes de comenzar a hablar a través de tus expresiones faciales y la forma en que te comportas. Por ejemplo, si estás hablando de algo que se supone que es inspirador, una sonrisa brillante les comunicará que eres una persona amable y acogedora que está allí para dar consejos útiles. Si va a hablar sobre el calentamiento global, una expresión seria y una voz firme les dirá a sus oyentes que este es un asunto serio y urgente.

El estilo del lenguaje

Este es el ritmo que estableces con tu discurso, el tono de tu voz y tu volumen. La claridad y precisión de tu discurso también se incluyen en tu estilo. El uso del discurso formal e informal en consecuencia también es importante y debe ser compatible con la ocasión.

No uses un lenguaje demasiado complicado ni confíes en metáforas y símiles para explicar mejor tu punto. No hables ni demasiado rápido ni demasiado lento y asegúrate de hacer pausas necesarias pero naturales.

Usa ayudas visuales

Esto incluye diapositivas de PowerPoint, imágenes, gráficos, videos y cualquier evidencia de apoyo que ilustrará mejor a tu audiencia información clave para que puedan seguir fácilmente tu discurso.

Cuando prepares ayudas visuales, mantenlas simples y claras. Usa el contraste para una mejor visibilidad y asegúrate de que cualquier escritura sea legible para tu audiencia, pero limita tus textos a títulos, ya que no quieres que tu audiencia dirija su atención a las ayudas visuales en lugar de escuchar lo que estás diciendo. Como su nombre lo indica, se supone que deben ayudarte en tu discurso y no distraer a tu audiencia.

Haz preguntas y da respuestas

Responder a las preguntas de tu audiencia puede ser una excelente manera de demostrar tu dominio del tema. Te encontrarán más creíble a medida que respondas las preguntas con confianza, aclarando cualquier cosa que sea ambigua en el discurso o ampliando ideas que no podrías explorar más debido a la limitación de tiempo.

Siempre es una buena idea anticiparse a las preguntas que posiblemente te puedan hacer y estar preparado para dar respuestas exhaustivas. Tus amigos también pueden ayudarte con esto en los ensayos.

En caso de que alguien se vuelva antagonista o persistente y sientas que está secuestrando tu presentación en la sesión de preguntas y respuestas, diles que estás abierto a explorar el asunto más adelante, ya que te gustaría abordar la mayor cantidad de preguntas posible antes del final de la presentación.

Preparación vocal

Esto se refiere principalmente a la variedad en tu tono, las pausas que haces mientras hablas y el ritmo de conversación. Debes tener variaciones en tu discurso, ya que sonar igual durante toda la presentación puede sonar monótono y aburrido. La entonación en tu voz y las variaciones en tu voz son lo que mantendrá a tu audiencia interesada y, lo más importante, siempre asegúrate de que estás hablando lo suficientemente alto como para ser escuchado por todos.

"Eres la única persona en el planeta tierra que puede hacer uso de tus habilidades" **– Zig Ziglar**

Capítulo 4. Dominar el discurso público con 10 estrategias simples

Si bien el objetivo principal de aprender a hablar en público es ser capaz de dar discursos inspiradores, esto tiene otras ventajas, como mejorar en los negocios. También te permite comunicar mejor tus pensamientos y argumentar tus puntos de manera más convincente.

Sigues estos simples pasos para dominar el hablar en público:

Libera al maestro interior

Para sobresalir al hablar en público, debes movilizar tu mente y tu cuerpo. Tener la mentalidad correcta y los comportamientos para respaldarlos te hará sonar y lucir más natural, además de darte credibilidad como orador. Hacer correctas todas las cosas, pero carecer de la actitud correcta será evidente en tu desempeño y la incoherencia dañará tu discurso.

Estar seguro y tener la creencia de que tu tema agregará valor a la vida de tus oyentes es la base desde la que debes comenzar. A partir de ahí, puedes ajustar las habilidades necesarias para mejorar tu discurso, como el lenguaje corporal, la cadencia, el contacto visual y la voz.

Practica el arte de contar historias

Las historias y los cuentos han fascinado a los seres humanos desde el principio de los tiempos. Somos naturalmente curiosos y disfrutamos de una buena trama. Nos encanta la sensación de suspenso y anticipación y siempre estamos ansiosos por saber qué sucede después. Los grandes oradores saben cómo usar esta tendencia a su ventaja. Saben que las personas tienden a recordar una historia que escucharon hace décadas más que un hecho que aprendieron hace unos años. Es por eso que incorporan la narración de cuentos a sus discursos.

Para que puedas hacer lo mismo, asegúrate de que tu historia sea simple y que puedan identificarse con ella. Quieres que tu audiencia se conecte con los personajes y entienda fácilmente la historia. Si puedes hacerlo personal, ¡adelante! Agregará credibilidad a tu discurso e inspirará a tu audiencia.

Recuerda que estás compartiendo tu experiencia en beneficio de la audiencia, así que concéntrate en lo que puede ayudarlos o guiarlos de alguna manera. Evita desviarte al quedar atrapado en detalles irrelevantes.

Tu historia no tiene que ser demasiado larga, también puedes usar partes de ella o anécdotas para ayudar a que ciertos puntos sean más claros e impactantes en tu discurso.

Concéntrate en la audiencia e inicia una conversación

Cuando te dirijas a la audiencia, ten en cuenta que no te diriges a una sola entidad, sino a un grupo de individuos únicos. Todos vinieron a tu presentación esperando conectarse contigo de alguna manera y ser impactados por lo que les dirás. A cada persona le gustaría obtener algo de la experiencia de escucharte hablar. Haz contacto visual con diferentes personas en la audiencia, habla deliberadamente y asegúrate de que tu enfoque está en satisfacer a la audiencia, en lugar de presentarte como un orador consumado, de esta manera establecerás la conexión necesaria con tus oyentes.

Brinda momentos cautivadores

Ser genuino y hablar desde el corazón te ayudará a mantener tu presentación cercana a la audiencia. Estas personas quieren escuchar a un humano real compartir sus experiencias con ellos. Mover a tu audiencia emocionalmente a través de una historia intensa o hacerlos reír con una anécdota alegre agregará sustancia a tu presentación y agregará el factor humano a lo que de otro modo sería solo un montón de hechos e instrucciones. Asegúrate de usar el tono de voz y los gestos adecuados para dar vida a tu discurso y reflejar la emoción adecuada.

Llama la atención y cierra con un final dinámico

Las impresiones se forman rápidamente, las personas juzgan cómo irá tu presentación con tus primeras oraciones sin siquiera darse cuenta. Pueden considerarte lo suficientemente interesante o no en los primeros momentos. Es por eso que la apertura de tu discurso es muy importante porque aburrirá a tu audiencia hasta el punto de hacer que pierdan interés o captará su atención y se concentrarán en ti.

Para captar la atención de la multitud, comienza tu discurso con algo interesante como una frase, una pregunta o una historia. No pierdas el tiempo agradeciendo al anfitrión o a los patrocinadores ni jugando con los aspectos técnicos de encender tu computadora y mostrar tus ayudas visuales, eso debe hacerse de antemano.

Una vez que llegue al cierre de tu discurso, siempre es una buena idea resumir las cosas y repasar brevemente los puntos principales de la presentación. Combínalos con un llamado a la acción fuerte e inspirador que dirija a tu audiencia a realizar una tarea específica.

La regla de los 20 minutos

Un discurso bien elaborado puede evocar emoción y agrupar una tonelada de información en un pequeño período de tiempo. Por esta misma razón, un buen límite de tiempo para un discurso es de 20 minutos para no inundar o abrumar a la audiencia. Cuanto más digas, más difícil será procesar, internalizar y recordar todo. Si tienes que hablar durante más de 20 minutos, intenta que la presentación sea interactiva para atraer y cautivar a la audiencia. Esto puede hacerse permitiéndoles hacer preguntas después de cierta sección o pidiéndoles su opinión. Los oradores a menudo hacen preguntas como: "¿Quién aquí alguna vez ha...?" O "¿Quién de ustedes cree que...?" y el público respondería levantando la mano.

Emplea los 5 sentidos

Cuantos más sentidos interactúen en una persona, más alerta estarán ante los estímulos y la información entrante. Esto puede ser muy útil para captar la atención de tu audiencia durante un discurso.

Ayudas visuales, contacto visual y el lenguaje corporal son muy efectivos cuando se refiere a atraer a la vista.

La reproducción de música en ciertos puntos de la presentación y el uso de tu voz involucran adecuadamente la audición. Hacer preguntas y permitir que la audiencia reflexione sobre lo que dices puede involucrar sus pensamientos. Darle la mano, tocar el hombro de alguien o chocarle las manos a alguien de la audiencia implicaría el sentido del tacto y pedirles que repitan palabras motivadoras involucrará el habla.

Estudia a los expertos

¿Qué mejor manera de aprender que imitar a los expertos en un campo? Puedes aprender muchas cosas viendo presentaciones de oradores expertos y siguiendo sus pasos. Si bien se desaconseja la imitación, inspirarse gracias a su orador favorito puede ser muy útil. Algunos de esos oradores incluso comparten sus trucos y secretos a través de las redes sociales para ayudarte a convertirte en un mejor orador. Por lo tanto, no dudes en investigarlos y aprender de ellos.

Deja que tu personalidad brille por si misma

Mantenerte fiel a ti mismo y no imitar a los demás te permitirá desarrollar tu propio estilo único. Tu pasión, energía y autenticidad se reflejarán en tu discurso. Hablando desde el corazón, dominar tu tema y creer en tu mensaje maravillará a tu audiencia y te dará más credibilidad. Es más probable que tu audiencia confíe en ti lo suficiente como para establecer una conexión cuando perciban que estás siendo tú mismo y lo mantenga real con ellos.

Abraza el fracaso

Acepta el fracaso y deja de verlo como algo negativo. Algunas cosas solo se pueden aprender al equivocarse la primera vez y aprender de ese fracaso.

También puede usar el fracaso como una fuente de motivación para esforzarte por volver a levantarte y trabajar más duro para tener éxito.

El fracaso también te permitirá apreciar el éxito que viene después y te ayudará a recordar que no debes darlo por sentado.

Y pase lo que pase, nunca dejes que un fracaso o el miedo al fracaso te impidan salir y poner en práctica tus habilidades para hablar en público. Nunca mejorarás si no te arriesgas, sino que permaneces en los límites de tu zona de confort.

"El fracaso es un gran maestro, pienso que cuando cometes equivocaciones y te recuperas de ellos y los tratas como valiosas experiencias de aprendizaje, entonces has obtenido algo para compartir."-**Steve Harvey**

Capítulo 5. Desarrollando y dominando las habilidades de persuasión

Tener habilidades de persuasión significa tener la capacidad de convencer a las personas a través de argumentos, hacer que cambien de opinión sobre algo o que adopten un concepto o una idea al que antes eran indiferentes. Esto implica la capacidad de dirigir y guiar a las personas, apelando a su razón y desafiando sus pensamientos ya existentes. El objetivo final es que la audiencia acepte las ideas compartidas en el discurso.

Para persuadir a tu audiencia, primero debes conocerlos y comprenderlos. Saber cuáles son sus necesidades y expectativas te permitirá responder a esas necesidades y cumplir esas expectativas. Una buena manera de hacerlo es ponerte en su lugar y tratar de ver las cosas desde su perspectiva. ¿Cuáles serían tus expectativas si fueras parte de la audiencia? Concéntrate en eso y piensa en cómo puedes satisfacer mejor a la audiencia.

Puedes mejorar tus habilidades de persuasión a través de estos tres elementos

Ethos

Es una palabra griega que significa "carácter". En un contexto de hablar en público, nos referimos al carácter del hablante y su credibilidad. Debes expresar un cierto nivel de autoridad y confianza que refleje tu dominio del tema del que hablas para inspirar confianza en tu audiencia. Para eso es importante que obtengas el respeto de tu audiencia. Debe establecerse el hecho de que eres de buen carácter y confiable y debes ser visto como una autoridad en el tema en el que estás hablando. Una vez que tu audiencia te vea como alguien así, estarán más abiertos a lo que dirás y puedes trabajar para persuadirlos.

Logos

Como la palabra puede sugerir, este aspecto es relativo a la lógica detrás de tus argumentos y cualquier otra cosa que puedas decir. Los seres humanos confían en el razonamiento en varios aspectos de la vida y si tienen más probabilidades de ser persuadidos por lo que dices si lo perciben como lógico. Para establecer esto, asegúrate de que tu discurso tenga sentido y esté libre de incoherencia. Es importante que lo que digas esté respaldado por hechos, evidencia, estudios y estadísticas.

Pathos

En griego, esta palabra significa "emoción". Es tu capacidad de establecer una conexión con la audiencia y mover sus emociones. Esto te permitirá captar mejor la atención del público y mantener su interés. Puedes establecer una conexión emocional utilizando símiles, metáforas y analogías o compartiendo tus experiencias personales contando una historia. El objetivo es provocar un cierto sentimiento que luego inspire al oyente a tomar medidas. Sea consciente de la emoción que tus palabras y el tono de tu voz inspiran y úsalos a tu ventaja.

Cómo ser persuasivo en 3 simples pasos

Intentar influenciar a alguien puede ser un proceso muy complicado, y más aún cuando se trata de una multitud de personas que tienen diferentes opiniones y experiencias que configuran sus puntos de vista.

En un simple proceso de 3 pasos no solo serás capaz de mantener a tu audiencia interesada en tu discurso sino también de transmitir tu mensaje en una manera significante e impactante.

Paso 1. Llama la atención

Sólo tienes unos pocos segundos para establecer el tono y capturar la atención de tu audiencia, es por ello que un buen inicio es importante.

> A. **Empieza con algo inesperado:** Los oyentes adoran las presentaciones que despiertan interés rápidamente desde la primera oración.
>
> *"Desearía que hubieran podido estar allí..."* -Patricia Fripp, CSP, Ex-presidenta de la asociación nacional de oradores.

Esta línea de apertura crea compromiso y nos hace querer escuchar más sobre lo que sucederá después. El suspenso, la curiosidad y la intriga deben incluirse en tu discurso para que sea lo más atractivo posible desde el principio.

> B. **Haz que se trate sobre ellos:** Después de captar su atención con tu impactante apertura, haz la historia sobre ellos. Siempre ten en cuenta a la audiencia: sus aspiraciones, cuáles son sus luchas y sus objetivos. Si les recuerdas a la audiencia sus puntos débiles, una amenaza para su sustento o una necesidad sentida, siempre los mantendrás comprometidos.

C. **Ve directo al punto:** Muchas veces nos gusta agregar adornos a los discursos o seguir tangentes con información irrelevante antes de llegar al punto deseados

Paso 2. Crea una conexión

El objetivo de crear una conexión es hacerlos pensar, "Esto se relaciona con mi vida y es bastante fácil para mí"

Si no es relevante para mi vida, me has perdido. Si es demasiado complicado, me has perdido. No puedo solucionar el calentamiento global, pero puedo emitir un voto. Conecta tu mensaje conmigo (especialmente a través de la narración de cuentos) y tendrás una oportunidad.

Si deseas una oportunidad de verdaderamente persuadir a tu audiencia, entonces necesitas descubrir cómo será relevante para su vida. Si el discurso o el concepto es demasiado complicado, corre el riesgo de perder su interés y atención.

Piensa en el calentamiento global. Es posible que una audiencia no conozca el impacto de esto en sus vidas, sin embargo, una vez que ven la relevancia y saben que tienen el poder de solucionarlo adoptando una posición, su interés se despierta. A través de la narración inteligente puede evocar emociones y convencer a casi cualquier persona para que tome una posición sobre un tema ...

A. **Evoca emoción:** El humor es una de las formas más efectivas para persuadir a una audiencia debido a su capacidad de cambiar el estado de ánimo y la química en la sala. Si no eres un comediante, no te pases con las bromas porque es posible que tu audiencia no te tome en serio. Lo mejor, de hecho, es simplemente ser uno mismo y permitir que tu sentido del humor natural brille con una broma aquí y allá. Si surge una oportunidad para hacer una pequeña broma o para aligerar el estado de ánimo, permite que salga naturalmente, pero nunca fuerces el humor o las bromas en tu discurso

Además, cuando bajas la guardia y revelas que tú también eres humano con vulnerabilidades, el público puede relacionarse y sentirse conectado contigo. No te sientas avergonzado de compartir historias personales porque, como humanos, en realidad recordamos esas historias mucho mejor que la información objetiva.

B. **Sé interactivo:** Los estudios han demostrado que una audiencia comprometida que interactúa es más fácil de persuadir que una audiencia pasiva. Esto se ha demostrado a lo largo del tiempo en las iglesias durante el culto, la escuela y las universidades, donde se les pide a los estudiantes que participen en responder preguntas e incluso manifestaciones por una causa o propósito moral.

Paso 3. Anímalos a tomar acción

A menudo, tenemos miedo de preguntar por lo que queremos. Tal como dice el dicho: "Las bocas cerradas no se alimentan". Cuando eres directo y les dices que tomen una acción específica, surge menos confusión y esa acción se sigue.

Hasta este momento, has estado preparando a tu audiencia para sentir de cierta manera. Después de haber inculcado estas emociones, ve a por la pregunta.

Una vez más, las historias son una excelente manera de ejemplificar y permitir que la audiencia vea desde tu punto de vista. Usa una poderosa historia de cierre que esté alineada con cómo quieres que se sientan horas después de tu discurso. Si quieres que se sientan emocionados, comparte una historia entusiasta y enérgica.

Conclusión

¡Has llegado al final de este libro! ¡Felicidades!

Gracias por elegir este libro y leerlo hasta la última palabra. Ahora que tiene el conocimiento necesario, tome medidas y practique lo que ha aprendido para convertirse en un gran orador público.

Sigue los pasos y toma medidas siempre que tengas la oportunidad. Cuanto más practiques, mejor te volverás. Asegúrate de realizar un seguimiento de tu progreso porque hay cosas que solo puedes aprender por experiencia. Recuerda, el fracaso es una herramienta poderosa que puede ayudarte a alcanzar tus objetivos. Cuando llegue el fracaso, acéptalo porque nos sucede a los mejores. Enfrentarse a estos obstáculos es parte del proceso de aprendizaje, así que acepta tus errores y aprende de ellos. Simplemente mantén tu impulso y verás los resultados antes de darte cuenta.

¡No hay tiempo que perder! ¡Sal ahí fuera y haz inolvidables discursos que inspiren a las personas a ser su mejor versión!

Libro 5. Confianza

Estrategias Fáciles y Comprobadas para Manejar Eficazmente la Timidez y La Ansiedad para Transformar Tu Vida Personal y Profesional

Introducción

Imagina cómo sería si pudieras entablar una conversación sin miedo en cualquier situación. ¿Cómo cambiaría tu vida si tuvieras la confianza para superar tu timidez y llamar la atención de una habitación sin esfuerzo?

Desde el comienzo de los tiempos, la confianza ha sido un rasgo dominante que caracteriza a los fuertes y realizados. La gente ve a alguien confiado y piensa que es una persona valiente, un líder, un pionero. Las personas seguras son percibidas como estos seres humanos que siempre saben lo que quieren, están seguros de sí mismos y no hacen nada mal. Esto podría ser en parte cierto para algunas de esas personas, pero en su mayor parte, esta percepción se debe al pedestal en el que nosotros mismos ponemos a las personas seguras. En realidad, son personas como nosotros, susceptibles al miedo y al nerviosismo e igualmente capaces de cometer errores. La única diferencia es que se han entrenado para enfrentar el miedo de frente.

Es un error común pensar que las personas seguras simplemente nacen con un exceso de confianza. Que una persona tiene confianza o no. Pero ese no es el caso.

Mientras que algunas personas crecieron en hogares que elevaron su autoestima, lo que les hizo desarrollar una confianza "natural", muchas personas lo aprenden por elección propia y trabaja duro para lograrla.

Si buscas el significado de confianza, encontrarás que la mayoría de las definiciones dicen que es la certeza en la capacidad de tener éxito y la creencia en sí mismos. Una ausencia de dudas, por así decirlo.

El sentimiento de seguridad en sí mismo y la creación de la confianza lleva tiempo, pero en última instancia se puede aprender con persistencia. Puedes aprender cómo confiar plenamente en tus habilidades y a cómo silenciar los sentimientos de duda e incertidumbre cuando surgen. Incluso puedes cambiar la forma en que te sientes contigo mismo porque tus sentimientos están bajo tu control. Simplemente necesitas saber cómo hacerlo.

La confianza es un rasgo muy deseable. Refleja cuán determinado estás para tener éxito y cuánto crees en tu visión. Muestra cuán firme puedes ser cuando enfrentas obstáculos, que tienes el coraje suficiente para superar tus miedos. Es un activo valioso en la comunicación y el liderazgo. Te permite tomar decisiones importantes y seguir adelante con ellas. Puede parecer una batalla cuesta arriba reunir confianza, pero la realidad es que la mitad del trabajo ya está hecho cuando tienes fe absoluta en tus habilidades. Las personas se sienten naturalmente gravitadas hacia aquellos que exudan confianza, ya que la inspiran hacia otros. En pocas palabras, a las personas les gusta seguir a alguien que sabe a dónde va.

No hay duda de que las personas más exitosas en la vida son los "buscadores". Aquellos que no temen correr riesgos y siempre disparan a las estrellas porque creen firmemente que solo se merecen lo mejor.

Una vez que tienes confianza en ti mismo, eres prácticamente a prueba de balas. Ningún montón de críticas, burlas o negatividad puede interponerse en tu camino porque sabes quién eres y de lo que eres capaz. Todo lo demás es irrelevante.

La confianza es una herramienta muy poderosa. Si tienes confianza, la gente cree en ti, te trae éxito, ayuda a crear vínculos fuertes con los demás y te sientes más feliz en general. El único que puede decir que no tienes confianza eres tú.

El miedo de pedirle un aumento a tu jefe parecerá fácil; sabes lo duro que has trabajado y sabes que te lo mereces. Esa propuesta comercial que tienes es segura, has estudiado el mercado y conoces tu producto y cree que puedes hacerlo funcionar. ¿Esa gran carrera que viene el próximo mes? ¡Ya puedes imaginarte en la línea de meta!

Si aún dudas de los beneficios de construir la confianza, no busques más allá de algunas de las personas más exitosas del mundo. Los principales científicos, artistas, atletas, etc., han desarrollado personalidades audaces y tienen mucha confianza. Tienen fuertes creencias en sus capacidades, son asertivos y bastante tenaces. Serán los primeros en decirle que su secreto es la persistencia y en volverte más fuerte después de fracasos inevitables. Descubrirás que estas personas saben que es fundamental apoyarse a uno mismo y no tener dudas sobre uno mismo.

Por supuesto, esto no significa que todo lo que necesitas para lograr tus objetivos es un poco de fe en ti mismo. Debe saberse que la confianza no es un optimismo ciego, o dicho de otra manera, simplemente creer en uno mismo y esperar que las cosas sucedan mágicamente sin esfuerzo. Aunque tiene que creer que tendrá éxito, no se recomienda que se haga cargo en una situación ciegamente sin una planificación adecuada. Debes estar preparado para cualquier percance eventual volviéndote resistente. Sin embargo, demasiada confianza puede convertirse en arrogancia y esa puede ser tu caída. Si crees que puedes hacerlo funcionar por pura fuerza de voluntad, estás gravemente equivocado. La confianza es el equilibrio perfecto entre tener la tenacidad para aprovechar nuevas oportunidades, una motivación inquebrantable y ser lo suficientemente meticuloso para navegar de manera adecuada y hábil la tarea en cuestión.

No permitas que el hecho de no ser un experto te impida alcanzar el éxito. El dicho, "Fingir hasta que lo logres" es en realidad bastante poderoso.

Si alguna vez has visto la película "Atrápame si puedes", basada en la vida del abandono de la escuela secundaria Frank W. Abagnale Jr.

De hecho, sin tener ninguna experiencia previa o educación formal, Frank se encargó de enseñar sociología en la Universidad Brigham Young. Se hizo pasar por el maestro a pesar de que no tenía ningún tipo de credenciales.

¿Cuál era su secreto? Simplemente leía un capítulo antes de la clase y luego lo impartía la lección con confianza.

Esto muestra un enfoque excelente para una de las mejores formas de aprender: concéntrate diligentemente en el nuevo aprendizaje, tarea o habilidad en cuestión y pretende que tienes que enseñarlo a otra persona o grupo de personas. Esto te obligará a aprender los entresijos de dicha habilidad a un ritmo mucho más rápido.

Sin embargo, no te estoy diciendo que cometas fraude o engañes a otros en ningún ámbito. Todo lo contrario. Como puedes ver, la confianza es una herramienta poderosa que puede ser utilizada para el bien y la superación personal, así como para fines traviesos.

Ahora, si se te dio el éxito en una bandeja de plata o te volviste confiado mágicamente, es posible que desees tomarte un momento y pensarlo. El éxito instantáneo también vendrá con sus propias limitaciones inesperadas debido a la falta de exposición a lecciones valiosas en el camino. Sin estas lecciones, la mentalidad correcta no se formará y, por lo tanto, tu progreso a partir de ese momento se verá perjudicado.

La confianza te permitirá tener éxito en cualquier cosa. Te hará soñar en grande y recoger la carga de trabajo necesaria para convertir esos sueños en realidad. También beneficiará otros aspectos de tu vida, podrás expresarte mejor ante extraños y hacer nuevos amigos a medida que las personas encuentren confianza y atractivo. No perderás ninguna oportunidad, ya que te volverás menos vacilante y serás un mejor líder, asegurándote de que el espíritu de tu equipo se mantenga en alto cuando las cosas no se ven tan bien porque estás seguro de tus habilidades y las de ellos. Así es, tener confianza también te ayuda a formar a otras personas. Si alguien que está seguro de su éxito les dice que pueden lograr cualquier cosa, no dudarán tanto de sí mismos.

Si bien puedes lograr navegar por la vida manteniendo un perfil bajo, baja autoestima y demasiado miedo de no poder perseguir nada, esa no es forma de vivir. Todos tenemos sueños y aspiraciones y queremos tener éxito para convertirnos en la mejor versión de nosotros mismos. La diferencia entre quienes lo logran y quienes no lo hacen es su creencia en su éxito. Depende de ti construir tu confianza y tu autoestima. Tú eres quien puede tomar la vida por los cuernos y tomar una decisión consciente de llevarla al siguiente nivel.

Este libro está escrito para guiarte a través del viaje hacia el éxito, pero si no haces el esfuerzo necesario, seguirá siendo solo un libro. Tú eres quien tiene el poder de tomar esta información que cambiará tu vida y usarla para crear una llena de confianza.

Si estás listo para finalmente hacer un cambio profundo y convertirte en alguien prácticamente invencible, sigue leyendo.

Interioriza cuidadosamente los consejos contenidos en estas páginas y luego toma medidas. Con estos métodos simples y probados para controlar tu ansiedad y timidez, tú también puedes transformar fácilmente tu vida personal y profesional.

Deja de duda y empieza ahora.

Capítulo 1: Mi vida siendo tímido

La timidez no es un concepto nuevo para mí. Es algo con lo que tuve que lidiar durante un buen número de años. Siempre se sintió como restricciones invisibles que me impedían experimentar la vida al máximo. Arruinó mi vida personal y profesional en más de un sentido. Como era tan tímido, no me desempeñé tan bien como pude en el trabajo. También hizo que formar nuevas relaciones fuera más difícil de lo que debería ser. La idea de salir e interactuar con la gente me hacía temeroso del día.

A menudo, soñaba con poder trabajar desde casa. Otros días, deseaba ser invisible, lo cual es decididamente menos razonable. Llamar para decir que estaba enfermo para evitar ir a trabajar o reclamar compromisos previos para rechazar una invitación fueron estrategias que contemplé a menudo antes de salir de la seguridad de mi propio hogar.

Lo que estoy tratando de decir es que ser tímido está muy familiarizado conmigo, así que sé cómo te puedes sentir. Entiendo tus dificultades y quiero que sepas que puedes superar eso. Yo pude hacerlo y sé con certeza que tú también puedes.

No quiero que te engañes pensando que me desperté un día y que mi timidez fue mágicamente "curada", lo que está lejos de ser verdad. Hice un gran esfuerzo a lo largo de los años para superar mi timidez. Desarrollé mi confianza y mejoré mis habilidades sociales gradualmente con el tiempo. Mirando hacia atrás, siento que he recorrido un largo camino. Los cambios que observé en mí son impresionantes y quiero compartir esta experiencia de una manera que los beneficie. Decidí organizar las cosas que aprendí a través de la prueba y el error a lo largo de los años para que puedas evitar las dificultades que experimenté y no tengas que perder tiempo innecesario aprendiendo principios ineficaces. En cambio, puedes usar mis experiencias como guía o como un faro de luz para navegar sin problemas por la fase de aplicación.

Y hablando de la fase de aplicación, tienes que hacerlo. En realidad, debes aplicar lo que aprenderás para que tenga lugar cualquier tipo de crecimiento. Tienes que hacer el esfuerzo, no hay forma de evitarlo. Créeme, la experiencia lo vale. Lo vales. Al final del día, todo lo que aprendas y cada esfuerzo que hagas te beneficiará directamente, mereces ver los frutos de tu trabajo. Tu felicidad lo vale.

¿Quieres hacer un cambio positivo? Bueno, es un proceso y este libro te ayudará a completarlo.

Capítulo 2: Entendiendo la timidez y la ansiedad

A los seres humanos les gustan los patrones predecibles. Nos permiten saber qué sucederá después y mantener el control. Sin embargo, lo que pasa con la vida es que puede ser bastante impredecible. Simplemente hay algunos aspectos de la vida que no podemos cambiar ni anticipar. A menudo estamos a merced de las circunstancias y, si bien puedes controlar qué tan temprano te levantas para llegar al trabajo temprano, no tienes forma de evitar un accidente en la carretera que disminuya el tráfico. El hecho de que no podamos controlar todas las variables en nuestras vidas nos preocupa. Nos preocupa lo que sucederá y cómo enfrentarlo y todas las formas en que puede afectar nuestras vidas. Esto es natural, ¿a quién no le gusta estar preparado para enfrentar una posible crisis? La cuestión es que, si esta preocupación se sale de control, puede convertirse en un problema grave. Y el nombre de ese problema es ansiedad.

La ansiedad es uno de los trastornos más fácilmente reconocibles que existen. A menudo puedes saber cuándo tú o alguien más tiene ansiedad, incluso sin consultar a un médico. Existen diversos grados de ansiedad y, aunque algunas formas son benignas, otras pueden convertirse en algo muy grave.

La timidez, sin embargo, es un poco diferente. Aunque experimentes preocupación, sucede cuando te encuentras en entornos desconocidos. También tiendes a sentirte incómodo en los entornos sociales porque te preocupa cómo serás percibido.

Lo que causa ansiedad social es la baja autoestima. Te sientes consciente de tu apariencia, personalidad, habilidades e incluso de tus posesiones. Te sientes menos seguro acerca de esas cosas y te preocupa cómo serás juzgado si se establecen como estándares.

¿Cuál de los dos es?

¿Con qué estamos lidiando aquí? ¿Es trastorno de ansiedad social o timidez?

Como se mencionó anteriormente, la ansiedad tiene diversos grados de severidad. A veces es difícil saber en qué nivel te encuentras. Aquí hay algunos signos que delatan la ansiedad:

- Corazón acelerado
- Hiperventilación
- Sudor excesivo
- Pensar en exceso
- La urgencia de huir de una situación o de esconderte de la gente
- Sentimientos de terror y aprehensión

Estos son síntomas comunes de la ansiedad

Podría ser que tu timidez este acompañada de ansiedad, haciéndola peor de lo que es por sí sola o que sufres de trastorno de ansiedad social.

Trastorno de ansiedad social (TAS) es el miedo a estar en situaciones sociales. La gente que sufre de ello teme la visión de verse rodeada de personas y, más específicamente, ser juzgada por la gente

Los síntomas del TAS son aquellos mencionados arribas. Sin embargo, son experimentados con mayor intensidad

Impactos negativos de la timidez y la ansiedad

Las personas tímidas tienden a pensar que no hay nada de malo en ser tímido. No estás lastimando a nadie, ¿verdad? Bueno, tú eres a quien estás lastimando. Es posible que tu timidez no esté afectando a nadie más, pero te está afectando a ti. Claro, puede que no te esté llevando a situaciones problemáticas, pero el verdadero costo está en perderse muchos aspectos de la vida. Ser consciente de eso te ayudara a encontrar el coraje que necesitas para superarlo.

Así es como la timidez está impactando negativamente en tu vida

Puede llevar al aislamiento

Debido a que las personas tímidas son tan reacias a acercarse a los demás, a menudo se sienten solas. Tienden a mantenerse solos y esto significa que rara vez tienen la oportunidad de formar relaciones significativas y satisfactorias. Aunque algunos disfrutan de su tiempo a solas, es muy fácil aburrirse y sentirse solo sin compañía.

Hace que no puedas hacer frente en situaciones inesperadas

Esto es causado por la ansiedad que da al enfrentarte a lo desconocido, personas nuevas entran en esa categoría. A una persona tímida le resultaría difícil adaptarse a un cambio repentino y hacer frente a situaciones no esperadas. Esto se debe a que les resulta difícil dirigirse a los demás y pedir ayuda u orientación.

Causa bajo autoestima

Cuando está rodeada de otros, una persona tímida puede volverse autoconsciente fácilmente. Comienzan a pensar demasiado en su comportamiento y apariencia y se consideran no lo suficientemente buenos. También tienden a leer demasiado el comportamiento de los demás y piensan que comparten los mismos pensamientos negativos que los atormentan. A menudo, esto está mal y las personas que los rodean están demasiado concentradas en causar una buena impresión para juzgar.

Afecta tu confianza

Cuando tienes baja autoestima, tiendes a pensar que no hay nada especial en ti. Te críticas a ti mismo y te desanimas de socializar. Cada vez que sientes que hiciste algo bueno, una voz en tu cabeza te dice que no lo hiciste y procede a señalar tus errores o decirte lo que deberías haber hecho de manera diferente.

La gente se forma una opinión errónea sobre ti

"Cuando te conocí, pensé que eras un snob arrogante". Mucha gente tímida escucha estas palabras de sus amigos. Quizás tú también lo hiciste. La verdad es que es muy fácil crear ese tipo de impresión cuando te encuentras con alguien que parece no estar dispuesto a hacer el esfuerzo de ser civil. Evitar a las personas, rechazar invitaciones para pasar el rato con ellas y quedarse callado cuando te unes a ellas hace que parezca que estás por encima del grupo.

A pesar de los aspectos negativos mencionados arriba, la timidez tiene ventajas. Éstos son algunos rasgos por los cuales la gente tímida es conocida:

La timidez te hace bueno escuchando

Debido a que no hablas tanto, otras personas hablan la mayor parte del tiempo. Aunque esto a veces causa incomodidad y momentos tensos de silencio al conversar, puede ser muy útil cuando alguien necesita un buen oyente. Eres bueno escuchando sin interrupciones. Le da a la gente la oportunidad de descargar sus cargas, compartir sus secretos y confiar en ti.

Te hace más sensible a las necesidades emocionales de otros

Las personas más tranquilas suelen ser las más observadoras. No tener que concentrarte en lo que dices te permite observar mejor a los demás, leer su lenguaje corporal y expresiones sutiles. Eres muy perceptivo cuando se trata de las emociones de los demás pudiendo reconocer casi instantáneamente cuando algo está mal.

Eres el mejor tipo de amigo

El hecho de que formar amistades no sea fácil para ti te hace apreciar a los amigos que tienes. No das por sentado a las personas en tu vida y eres agradecido, leal y cariñoso con tus amigos. Aunque la timidez jugó un papel importante en que fueras un gran amigo, ten en cuenta que siempre es gracias a quien eres como persona. ¡Eres simplemente así de genial!

Piensas antes de actuar (o hablar)

Tu autoconciencia y tu renuencia a expresarte, en general, te hace capaz de pensar en tus acciones y palabras. Es muy fácil que la gente diga algo incorrecto "espontáneamente", pero por lo general no cometes ese error.

Tienes un efecto calmante en las personas

La renuencia antes mencionada a expresarte significa que tus reacciones siempre están reguladas. Siempre pareces calmado y sin preocupaciones. Aunque puede que no sea así cómo te sientes, te las arreglas para no mostrar signos de lo nervioso que estás. Esto es muy útil para las personas que te rodean en situaciones alarmantes, ya que tienden a buscar a la persona más tranquila en la habitación y las utilizan como un ancla.

Capítulo 3. Lidiando con ansiedad desencadenada socialmente y manejando la timidez

Ahora que conoces las ventajas y desventajas de tu timidez, es imprescindible que sepas cómo manejar la ansiedad resultante. Más específicamente, la ansiedad que obtienes como persona tímida en entornos sociales. Lo primero que debes hacer al intentar hacer un control de daños es identificar la causa. En otras palabras, descubrir las causas de tu timidez te ayudará a saber qué métodos de afrontamiento deberías usar.

La ansiedad desencadenada socialmente, como su nombre lo indica, ocurre cuando una persona tímida se encuentra en un entorno social que requiere que interactúen con las personas. Aunque todos los entornos sociales pueden desencadenar la ansiedad, dichos entornos varían según la ocasión.

Salir ahí fuera

Cosas simples como comer en público, ir al cine o incluso ir de compras puede ser aterrador para algunas personas. El hecho de que compartan un espacio con otras personas activa su autoconciencia. Empiezan a preguntarse si se ven raros o si se comportan de manera extraña y se hacen preguntas como "¿tengo salsa en la cara?", "¿Estoy bloqueando la vista de las personas que están sentadas detrás de mí?" ¿Molestaría al encargado de la tienda si le pregunto acerca de las tallas disponibles?

Tomar iniciativa

A veces en la vida, tenemos que tomar la iniciativa. Esto se aplica tanto al trabajo como a la vida personal. De vez en cuando, es posible que tengamos que tomar una posición de liderazgo en el trabajo y eso significa conocer a los miembros del equipo, asignarles tareas adecuadas y guiarlos a través de su trabajo. Cada uno de estos requerirá interactuar estrechamente con los demás, lo que al principio puede parecer un problema. Quizás tu carrera requiera que des discursos como líder para alentar a tu equipo como cualquier otro tipo de orador público. La actividad en sí misma puede ser aterradora incluso para las personas más seguras.

Del mismo modo, en la vida personal, a veces nos encontramos con personas que despiertan nuestro interés. El hecho de que alguien parezca lo suficientemente interesante como para que quieras hablarle ya lo pone en un pedestal y eso puede ser muy intimidante. Puede ser muy difícil dar el primer paso y presentarte a un extraño que despertó tu interés.

Afortunadamente hay una manera fácil de superar este obstáculo.

Con un poco de preparación puedes tener en tu arsenal algunas preguntas para romper el hielo que te permitan tener una conversación fluida:

- ¿Qué es lo más aterrador que has hecho por diversión?
- Si fueras un tipo de jeans, ¿cuál serías?
- Si tuvieras hora libre extra al día, ¿cómo la usarías?
- ¿Prefieres tener dinero o tiempo?
- ¿Cuál ha sido el fracaso del que más has aprendido?
- ¿Preferirías ser conocido por tu inteligencia o por tu atractivo?

- ¿Cuál preferirías: nunca envejecer físicamente o nunca envejecer mentalmente?
- ¿Qué es lo que hace que te desintereses en una pareja?
- ¿Cuál libro ha tenido el más profundo y positivo impacto en tu vida?

Exprésate

Estar firme en momentos de conflicto es una perspectiva aterradora para las personas tímidas. Las confrontaciones atraen atención no deseada porque las personas se ofenden cuando se les dice que sus acciones son molestas. Se ponen a la defensiva y comienzan a alzar la voz y, a veces, incluso te lanzan insultos. Las cosas pueden ponerse feas bastante rápido cuando hablas de lo que te molesta y es por eso que puede provocar tu ansiedad.

Los escenarios mencionados anteriormente son solo algunos ejemplos, hay innumerables otras situaciones sociales que pueden ponerte ansioso. Ahora, la pregunta es ¿por qué algunas personas están perfectamente bien en estas situaciones mientras que otras están abrumadas por su timidez? Mejor aún, ¿qué causa la timidez en general?

1. **Condicionamiento conductual:**

   Cuando pasamos por una experiencia negativa, tememos repetirla. Lo que tememos no es la experiencia en sí, sino el resultado negativo. Nuestros cerebros adoran establecer patrones. Cuando pasamos por una situación por primera vez, buscamos el resultado de la situación en cuestión como referencia. Lo que significa que creemos que tendremos el mismo resultado cada vez que pasemos por la misma situación en el futuro. Lógicamente hablando, esto no está bien. Sin embargo, debes volver a cablear activamente tu cerebro para comprender eso.

2. **Proceso de pensamiento individual:**

Tus pensamientos son responsables de muchos de tus rasgos de personalidad. También son responsables de tus sentimientos y comportamientos. Cuando esperas lo peor, lo más probable es que lo peor suceda. Por otro lado, al entrar en una situación con una mentalidad positiva, es muy probable que el resultado sea positivo. Esta perspectiva positiva de la vida permitirá que su confianza crezca a medida que crees firmemente que sucederán cosas buenas. Por más cliché que pueda parecer, "el vaso está medio lleno" es una forma poderosa de enmarcar cualquier situación y saber que no tienes nada de qué preocuparte.

3. **Condicionamiento social:**

Esto es relativo a cómo te criaron. Tu educación jugó un papel importante en la forma en la que te desarrollaste a lo largo de tu vida. Tu timidez podría haber comenzado a brotar en tu temprana infancia como resultado de los valores y métodos a los que estuviste expuestos por tus padres. Tener padres que son controladores, agresivos o simplemente esperan la perfección en todo lo que hace su hijo puede ser la principal razón detrás de la timidez de una persona. Esto se debe a las constantes críticas y reprimendas. El niño crece creyendo que no es lo suficientemente bueno, independientemente de lo que haga, porque no se estimuló su confianza a medida que iba creciendo. Si eres padre, ¡ten en cuenta este consejo! Fomenta e infunda el empoderamiento en sus hijos para que sepan que cualquier cosa se puede lograr con la mentalidad correcta.

4. **Razones biológicas:**

   Por extraño que parezca, ser tímido puede ser una cuestión genética. Es posible que hayas heredado tu timidez de tus antepasados. Incluso la ansiedad podría transmitirse genéticamente de una generación a otra. Sin embargo, esto no significa que estés condenado a una vida de aislamiento. Todavía puedes trabajar en tu confianza y minimizar el impacto de la timidez en tu vida.

   No importa qué te causa tu timidez y ansiedad, aún puedes tomar el control de tu vida y cancelar su impacto en tu comportamiento. Tomará tiempo y esfuerzo, pero es posible y eso es en lo que debes centrarte. Tienes que ser consciente de las cosas que ralentizan tu progreso. Es muy importante que pongas fin a estos comportamientos en el momento en que te das cuenta de ellos. Aquí hay unos ejemplos:

   A. **Ser muy autoconsciente:**

   Cuando eres demasiado consciente de ti mismo, intentas encontrarte defectos. El problema es que, cuando haces eso, también comienzas a pensar que todos los demás son conscientes de estos defectos que podrían no existir en primer lugar. Cuando te encuentres haciendo esto, detente. Recuerda que las personas están enfocadas en sus propias vidas y que no tienen interés en llevar un registro de tus defectos. Incluso si están sentados allí catalogando tus imperfecciones por alguna razón poco probable, su opinión sobre ti no importa. El único que importa eres tú. Entonces, hermoso ser humano, ¡comienza a pensar mejor de ti mismo y construye esa confianza!

B. **Evitar situaciones nuevas:**

Salir de tu zona de confort es inevitable si quieres progresar. Sí, puede dar miedo; pero el hecho de que estés leyendo este libro y tratando de hacer un cambio me dice que ya tienes el coraje necesario para enfrentar tus miedos. Cambia algunas cosas en tu rutina, experimenta nuevas situaciones y desafíate todos los días.

C. **Tener pensamientos negativos:**

Los pensamientos negativos conducen a la ansiedad y la baja autoestima y no queremos eso. Para contrarrestar los pensamientos negativos, debes comenzar a ver el lado positivo de las cosas. Los pensamientos positivos lo ayudarán a apaciguar tus preocupaciones y, en consecuencia, tu timidez. Concéntrate más en lo que es bueno y está agradecido por ello. Enumera tus puntos fuertes y piensa en ellos en lugar de tus imperfecciones. Es bueno estar consciente de la realidad siempre y cuando te concentres en los aspectos positivos de la vida.

Capítulo 4: Superando la timidez en el trabajo

Teniendo en cuenta que pasas buena parte de tu tiempo en casa durmiendo, es seguro decir que pasas más tiempo con tus compañeros de trabajo que con tu familia. Asumiendo que tienes un trabajo de nueve a cinco, por supuesto. La forma en que interactúas con esos compañeros de trabajo puede afectar enormemente tu experiencia laboral general. La mayoría de los lugares de trabajo fomentan la competencia y, a veces, eso puede conducir a un ambiente de trabajo tenso. Sin embargo, aunque no puedes hacer que tu jefe cancele el programa "Empleado del mes", aún puedes tener una relación agradable con tus colegas. Si llevas esa relación a un nivel de amistad o no, depende de ti, pero al menos debes asegurarte de crear un sentido de camaradería. Cuando se establece el respeto mutuo y todas las personas involucradas se llevan bien, la productividad inevitablemente aumentará. Esta es una manera segura de que tú no solo prosperes como un individuo seguro, sino que te conviertas en una parte integral de la organización. Aquí hay algunos consejos para ayudarte en eso:

Contacto visual

Una de las mejores formas de establecer tu presencia es el contacto visual. Es un signo de confianza y creencia en tus capacidades. El contacto visual es crucial durante una conversación porque muestra emoción o interés. Afortunadamente, es una habilidad que se puede desarrollar y ajustar con precisión. Nunca ves a alguien que está seguro de sí mismo mirando hacia abajo, ¿verdad? El buen contacto visual incluso compensará una naturaleza tranquila. Solo asegúrate de hacerlo bien. No quieres que la gente piense que los estás mirando demasiado o incluso amenazándolos.

Este es un método efectivo para hacer contacto visual

1. **Establece contacto visual de inmediato** – Antes de empezar a hablar, asegúrate de establecer contacto visual. Evita tener la mirada baja o distraerte con cualquier cosa antes de que empieces a hablar.

2. **Mantén el contacto visual** – Una vez hayas establecido contacto visual, mantenlo o sostenlo por 4 o 5 segundos. Después de que pase este tiempo, puedes dejar que tus ojos se desvíen y luego establece otra vez contacto visual

3. **La regla 50 / 70** - Quieres evitar quedarte mirando fijo a todo costo. Para mantener apropiadamente contacto visual sin quedarse mirando fijo, deberías mantener contacto visual el 50% del tiempo mientras hablas y aproximadamente lo mismo mientras escuchas. Implementando esta regla, mostrarás genuinamente interés y confianza

Saludos:

Cuando la gente piensa que los estás ignorando, pueden etiquetarte fácilmente como arrogante, descortés y grosero. Esta es la razón por la que saludar a las personas cuando ingresas por primera vez a la oficina o cuando se cruzan en un pasillo es un hábito que debes comenzar tan pronto como puedas. A veces, todo lo que tienes que hacer es asentir, saludar o sonreír a modo de reconocimiento. Esto dará una buena impresión de ti y tus compañeros de trabajo te verán de manera positiva y amigable. El reconocimiento también es una manera fácil de mostrar a los demás que eres atento y que los ves como seres humanos.

Presentaciones

Acercarse a un extraño y contarle algunas cosas sobre ti es incómodo, incluso para los mejores de nosotros. Pero, ¿sabes qué se sentiría aún más incómodo? Tener que hacerlo después de meses de trabajar con alguien. Tendrás que presentarte tarde o temprano para que puedas ahorrarte el problema y hacerlo cuando recién comiences. De todos modos, es mucho mejor hacerlo antes de que alguien tenga la oportunidad de formarse una opinión sobre ti.

Continúa y rompe el hielo con un firme apretón de manos, simplemente saluda. La conversación no tiene que ser extensa. Si quieres ir un poco más allá de presentarte, hazles preguntas sobre ellos. Hablar sobre el clima es un tema sin sentido y no lleva a ninguna parte.

Haz preguntas

Puedes pensar que hacer preguntas te hará parecer inexperto, sin embargo, no hay nada de malo en buscar asesoramiento. De hecho, la mayoría de las veces, las personas disfrutan compartiendo sus conocimientos y aprecian cuando alguien los admira. La capacidad de pedir consejo puede hacer que parezcas lo suficientemente seguro como para confiar en la experiencia de otra persona para obtener orientación. Independientemente de cómo los veas, hacer preguntas cuando no estés seguro de algo te ahorrará mucho trabajo y vergüenza a largo plazo. No querrás ser esa persona que arruinó un proyecto porque estaban demasiado orgullosos para preguntar cómo deberían hacerse las cosas. Además, te sorprenderías de cuántas personas buscan una respuesta a la misma pregunta, pero son demasiado tímidos para preguntar. Toma la iniciativa, reúne el coraje y pide ayuda. Porque en realidad la respuesta a tu pregunta también beneficiará a otros colegas. Recuerda, "las bocas cerradas no se alimentan".

No rehúyas de los retos

Sí, la idea de meterte en algo que no es una victoria garantizada puede ser intimidante. A veces, incluso tienes que competir con otras personas, lo que lo hace aún más desalentador. Sin embargo, un buen desafío puede ser una excelente manera de demostrar tu valía. Puedes mostrar tus habilidades y fortalezas. Incluso puede presentarse la oportunidad de interactuar con tus colegas si se hace como parte de un equipo. Cuando haya un desafío en el trabajo, no lo rechaces de inmediato. Cree en ti mismo y dale una oportunidad. Puede ser muy divertido y probablemente terminarás beneficiándote incluso si no ganas.

Aunque el objetivo es llevarse bien con otros, es importante que te expreses en ciertos casos. Aquí están algunos ejemplos:

1. **Cuando tengas una idea:**

   Las ideas son el núcleo de cada producto rentable que existe. Cuando tengas una idea que crees que podría beneficiar a la empresa, no dudes en compartirla con tu jefe. Esto demuestra que eres un activo valioso para el equipo e incluso podrías ganarte una promoción. Además, tener su idea seriamente considerada y aceptada como un proyecto potencial es un gran impulso de confianza.

2. **Cuando alguien robe tus ideas para un proyecto:**

   Aunque suena como algo sacado de una serie dramática, esto realmente sucede en la realidad. Algunas personas no tienen problemas para apropiarse del trabajo de otra persona. Nunca lo dejes pasar cuando alguien tome crédito por tu trabajo. Llévalo a tus superiores y sé muy conciso al respecto.

3. **Cuando has sido erróneamente acusado:**

   Esto puede tener serias consecuencias. Si tus compañeros de trabajo y superiores piensan que eres culpable de algo que no hiciste, asegúrate de corregir tus creencias. En casos como estos, puede haber algo más que tu reputación en juego. No querrás perder tu trabajo por algo que no tenías en cuenta. Por lo tanto, asegúrate de hablar y defenderte.

4. **Cuando estés siendo acosado:**

   El acoso laboral es más común de lo que piensas. Algunas personas creen que pueden llegar más lejos intimidando a otros, no deberías aceptar eso. Conoce tus derechos e informa sobre quienes acosan con recursos humanos o las autoridades correspondientes.

Capítulo 5: Superando la ansiedad en entornos sociales

En entornos sociales no relacionados con el trabajo, se supone que las interacciones son más relajadas y casuales. No tengas miedo de ser más personal en esas interacciones. Intenta formar relaciones significativas o fortalecer las que ya tienes. A veces puede ser complicado, pero generalmente vale la pena el esfuerzo.

Vive el momento:

Trata de no pensar en situaciones pasadas que puedan haber sido embarazosas o incómodas. Esos recuerdos te harán revivir las experiencias mortificantes y comenzarás a pensar que el mismo incidente ocurrirá nuevamente. Cuando sientas que estás comenzando a entrar en pánico debido a experiencias pasadas, tómate un momento para calmarte. Respira hondo y recuerda que el pasado y el ahora son tiempos diferentes. En todo caso, estás más preparado para evitar ese tipo de situaciones ya que ya has pasado por ellas.

"La perfección es enemiga del `progreso"

Pronunciada y hecha famosa por Winston Churchill, la frase "La perfección es el enemigo del progreso" sigue sonando hoy. Seamos realistas, la vida es tan impredecible, es imposible conseguir un resultado perfecto en situaciones que están fuera de nuestro control. Por supuesto, hay momentos en que todo es "perfecto", pero esos son solo parte de toda la experiencia. Siempre es mejor estar gratamente sorprendido que decepcionado, así que no esperes la perfección.

Algunos dirán que la perfección es aburrida, de todos modos. La perfección no deja espacio para el crecimiento o la mejora.

Mantente orientado:

Ser más consciente de las personas que te rodean y dedicar toda tu atención a la conversación en curso es crucial en tu viaje para construir tu confianza. Sin embargo, nunca tengas miedo de admitir que estás nervioso porque esto demuestra que eres humano y otros podrán conectarse mejor contigo.

Nota: Evita usar el alcohol como una "solución rápida" a tu timidez, porque esto puede conducir fácilmente a la torpeza y a no tener el control.

Explora:

Probar cosas nuevas puede ayudarte a adaptarte cuando te encuentres en situaciones impredecibles. Las situaciones no planificadas pueden surgir en cualquier momento cuando estás con otras personas. Por ejemplo, alguien puede sugerir participar en un juego o puede que te presenten al amigo de un amigo sin ningún aviso. No hay forma de prepararse para este tipo de interacciones que no sea abrazarlas por completo cuando puedan surgir. Por lo tanto, también podrías ganar algo de experiencia navegando en estas situaciones sumergiéndote en ellas de cabeza. A través de esta exploración, buscar situaciones o eventos en los que estés interesado es ideal para que puedas divertirse en el proceso.

10 sugerencias practicas que puedes aplicar para elevar tu auto-confianza

Ahora ya sabes que nadie nace con total confianza en sí mismo. Se cultiva y se aprende a través de experiencias y una prueba y error gradual. Si te encuentras con alguien que parece tener un suministro infinito de confianza y que está realizando constantemente sus objetivos, es porque él o ella ha trabajado muy duro para aumentar gradualmente su autoestima y su amor propio durante un largo período de tiempo.

Al desafiar el mundo de los negocios y la vida en general, tu confianza inevitablemente florecerá y comenzará a surgir de manera natural para usted.

Los consejos debajo pueden no solo ayudarte a aumentar tu confianza, sino también a navegar fluidamente situaciones desconocidas.

<u>Sugerencias prácticas</u>

1. **Visualiza tu Yo ideal**

    La baja autoestima es la que nos lleva a tener una mala percepción de nosotros. Una forma efectiva de elevar la es visualizar a la persona que quieres ser. Nuestros pensamientos son muy poderosos cuando se trata de ayudar a lograr nuestros objetivos. ¿Cómo se ve o se siente tu yo ideal? Visualiza mentalmente el orgullo y la felicidad de la persona en la que te convertirás.

2. **El poder del "No" y de los límites personales**

   Una de las palabras más poderosas que podemos aprender a decir es "no". Como humanos, tendemos a querer evitar herir los sentimientos de otras personas a toda costa, por eso acordamos hacer cosas que en realidad no queremos hacer. Establece límites personales que enseñen a las personas a respetar tu espacio y tiempo. Aprende a ser más asertivo y simplemente pregunta qué es lo que quieres. Al principio puede ser difícil, pero practica decir no a las cosas que no te ayuden a alcanzar tus objetivos. La primera vez que incorpores este hábito, sentirás una ola de alivio. ¡Esta pequeña palabra te permitirá ganar más control sobre tu vida haciendo que tu confianza aumente!

3. **Date afirmaciones**

   Cómo te ves interna y externamente es cómo actúas. Esto es un hecho. Cambia la forma en que te ves a ti mismo: tienes la capacidad de crear un cambio duradero. El truco para implementar este proceso correctamente es a través de afirmaciones.

   Las afirmaciones son declaraciones poderosas, edificantes y positivas que nos decimos a nosotros mismos. Debido a que a menudo creemos lo que nos decimos, estas declaraciones son más efectivas cuando se dicen en voz alta para que puedas escucharlas.

   Biológicamente, nuestros cerebros funcionan de tal manera que buscarán respuestas a las preguntas sin analizar si la pregunta es válida o no. Con esto en mente, las afirmaciones pueden reformularse de la siguiente forma:

- **A.** "¿Por qué siempre tengo la sabiduría para tomar buenas decisiones por mí mismo?"
- **B.** "¿Por qué soy tan valiente como para estar siempre dispuesto a actuar y enfrentar miedos?"
- **C.** "¿Cómo es que siempre tengo todo lo que necesito para hacer del día un buen día?
- **D.** "¿Por qué trabajo bien bajo presión y siempre me siento motivado?"
- **E.** "¿Cómo es que mi confianza siempre está aumentando?
- **F.** "¿Cómo es qué siempre dejo ir los sentimientos negativos acerca de mí o de mi vida y parezco aceptar que todo eso es bueno?"
- **G.** "¿Por qué tengo poder ilimitado?"
- **H.** "¿Cómo me convertí en tan poderoso constructor de la vida que quiero?
- **I.** "¿Cómo es que todos los días descubro nuevos caminos interesantes y emocionantes que seguir?"
- **J.** "¿Cuándo me volví tan concentrado en mis metas y apasionado con respecto a mi trabajo?"
- **K.** "¿Por qué siempre tengo todo lo que necesito para enfrentar cualquier obstáculo que se ponga en mi camino?"

L. "¿Cómo es que siempre atraigo las mejores circunstancias y tengo la gente más positive en mi vida?"

4. **Siempre cuestiona a tu crítico interno**

   Todos tenemos un crítico interno, nunca deberíamos dejar que nos desmotive.

   De hecho, hay dos voces diferentes dentro de todos nosotros que nos guían a lo largo de la vida. Una que es amorosa y enriquecedora, y la otra que es dura y crítica. La voz amorosa tiende a levantarnos y, por el contrario, la voz crítica nos agobia.

   Sin embargo, al igual que la vida se trata del equilibrio, ambas voces desempeñan papeles clave. Nuestra voz positiva interior brinda aliento y autocompasión, mientras que la crítica te enseña dónde te equivocaste y cómo volver a encaminar las cosas.

   Desafortunadamente para la mayoría de las personas, el duro crítico interno puede salirse de control e irse por la borda, destruyendo lentamente tu ego al avergonzarte, criticarte, regañarte y encontrarte defectos.

   Si te encuentras luchando con la inseguridad, existe una gran posibilidad de que tu crítico interno se haya hecho cargo y se vuelva hiperactivo.

   La terapia cognitiva conductual puede ayudarte a cuestionar y pelar las capas de tu crítico interno y revelar evidencia que respalde o niegue las cosas que tu crítico interno te está diciendo.

De este modo, si piensas que eres un completo fracaso, toma tu para momento para preguntarte:

1. "¿Hay alguna evidencia que apoye la idea de que soy un fracaso?"
2. "¿Hay alguna evidencia que no apoye la idea de que soy un fracaso?"

Al cuestionar a tu crítico interno, pronto te darás cuenta de que a menudo eres demasiado duro contigo mismo y que estos pensamientos negativos no te definen.

Por último, no importa cuán grande o pequeño siempre debes encontrar oportunidades para felicitarte, darte cumplidos y recompensarte. Esto puede ser de gran ayuda para aumentar tu autoestima y confianza.

5. **El desafío de los 100 días de rechazo**

    La idea es simple. Todos los días debes buscar ser rechazado en algo. Al darte cuenta de que lo peor que puede pasar es escuchar la palabra "no", ser rechazado no parece tan malo después de un tiempo. Cuanto más insensible te vuelvas al rechazo, más rápido aumentará tu confianza.

    Como Jia Jiang declaró: "La forma más efectiva de superar el miedo al rechazo es enfrentarlo". Jia decidió finalmente enfrentar su miedo de toda la vida al rechazo haciendo solicitudes absurdas durante un desafío de rechazo de 100 días. ¿El resultado? ¡En realidad hizo que más personas dijeran sí, que decir no!

A menudo, las personas dicen "No" porque carecen de suficiente información para tomar una decisión o porque sienten que pueden estar en riesgo si dicen "Sí". Sorprendentemente, cambiar un "No" a un "Sí" a menudo es tan fácil como preguntar "Por qué".

Esto le brinda a la persona la oportunidad de compartir lo que la incómoda con nuestra solicitud. Una vez que sepas por qué alguien no se siente cómodo, puede abordar estas preocupaciones en lugar de asumir ciegamente cuál es el problema. O, peor aún, renunciar por completo cuando te rechazan.

Comprende el "Por qué" y estarás más preparado para enfrentar el rechazo con confianza. Quién sabe, incluso podrías escuchar ese "Sí" dorado cuando menos lo esperes.

6. **Prepárate para ganar**

Demasiadas personas se desaniman acerca de sus habilidades porque se establecen objetivos que son demasiado difíciles de alcanzar en su primer intento. Comienza estableciendo pequeños metas que puedas lograr fácilmente.

Una vez que hayas acumulado una serie de éxitos que te hagan sentir bien contigo mismo, puedes avanzar hacia objetivos más difíciles. Asegúrate de mantener una lista de todos sus logros, tanto grandes como pequeños, para recordar las veces que lo has hecho bien.

En lugar de centrarme solo en las listas de "cosas por hacer", me gusta pasar el tiempo reflexionando en las listas de "cosas por hacer". Reflexionar sobre los principales hitos, proyectos y objetivos que has alcanzado es una excelente manera de reforzar la confianza en tus habilidades.

<u>Sugerencia practica</u>

Crea metas inteligentes (S.M.A.R.T.) – Hay una diferencia entre "Quiero ser rico" y "Quiero ganar $75,000 al mes por los próximos veinte años gracias al desarrollo de un nuevo producto de software"

Específicas, medibles, obtenibles, relevantes, oportunas

Establece metas específicas - ¿Qué es exactamente lo que quieres lograr? Cuanto más específica sea tu descripción, mayor será la probabilidad de que obtenga exactamente eso.

Establece metas medibles - Identifica exactamente qué es lo que sentirás, verás y oirás cuando alcances tu objetivo. Esto significa dividir tu objetivo en piezas medibles.

Establece metas obtenibles- Investigue si su objetivo es realmente aceptable para ti. Calcula el tiempo, el esfuerzo y otros costos que tu objetivo requerirá frente a las ganancias y cualquier otra obligación y prioridad que tengas actualmente.

Establece metas relevantes - ¿Es realmente importante para ti obtener tu objetivo? ¿Realmente quieres ser famoso, dirigir una empresa internacional, tener cuatro hijos y una carrera ocupada? Toma la decisión de si tienes la personalidad para ello o si tienes los recursos para completarlo.

Establece metas oportunas –El tiempo es una de las únicas cosas que no podemos desperdiciar. Haz un plan para todo lo que haces. Los plazos te obligarán a actuar y ejecutar tus objetivos de manera oportuna. Recuerda mantener la línea de tiempo realista y flexible para no te sabotees a ti mismo.

Al establecer metas inteligentes, creas mini victorias que aumenten tu confianza lentamente.

7. **Ayuda a alguien más**

    Ayudar a alguien más puede ser uno de los sentimientos más reconfortantes que puedes experimentar.

    Esto nos recuerda sentirnos agradecidos por lo que tenemos. También se siente increíble cuando eres capaz de marcar una diferencia significativa para otra persona. La clave es evitar enfocarte en tus propias debilidades y usar tu energía para actividades más significativas, como ayudar o enseñar a alguien una nueva habilidad o incluso ser voluntario. La alegría pura derivada de esta experiencia por sí sola te dará un impulso increíble de autoconfianza.

8. **Haz una cosa que te asuste todos los días**

    Como se mencionó anteriormente, la mejor manera de superar cualquier miedo es enfrentarlo directamente. Al hacer algo que te asuste todos los días y ganar confianza en cada experiencia, verás que tu confianza se disparará. Por lo tanto, sal de tu zona de confort, ¡haz la loca, pero razonable cosa de hacer frente a tus miedos!

9. **Sé gentil, amoroso y atento contigo mismo**

    Como sabes, la forma en que te ves está directamente relacionada con tu nivel de confianza en ti mismo. Si amas completamente quién eres, también se verá en la forma en que tratas a tu cuerpo físico. El trío dorado para lograr la confianza proviene de una combinación de buena salud física, salud emocional y salud social.

Exploremos esto más a fondo:

1. **Aumenta tu actividad física**

   Piénsalo por un momento. El ejercicio no solo incrementa regularmente la fuerza física y la resistencia, sino que, el ejercicio también es primordial para aumentar tu fuerza interna y tu confianza. Al comprometerte a hacer ejercicio de manera regular y priorizar el estado físico, tendrás más confianza.

   Por otro lado, la falta de aptitud física puede conducir a niveles de energía extremadamente bajos que se reflejarán en tu autoestima, cómo ves el mundo y cómo te comportas.

   No tienes que pasártela en un gimnasio o ser un atleta competitivo para experimentar los beneficios de un aumento en la actividad física.

2. **Mejora tus hábitos de sueño**

   Además de volverse más activo físicamente, asegúrate de dormir lo suficiente. Sin suficiente sueño, podemos sentirnos abrumados por el ajetreo que experimentamos en la vida cotidiana. El sueño inadecuado a menudo conduce a una mayor sensación de estrés, falta de motivación y nos hace muy sensibles.

3. Mejora tus hábitos alimenticios

Cuando nuestros niveles de energía disminuyen, a menudo buscamos refrigerios poco saludables llenos de azúcar para darnos esa sacudida de energía, pero desafortunadamente este impulso solo dura un corto tiempo y termina haciéndonos sentir aún peor a largo plazo. No tienes que ir al extremo y seguir la última dieta orgánica de solamente vegetales y agua. Pero existe una fuerte correlación con lo que ponemos en nuestros cuerpos como combustible y cómo operamos. Piense en cómo funciona un motor con combustible especial. Con combustible de menor calidad o incluso falta de mantenimiento, el motor comenzará a desgastarse gradualmente y finalmente dejará de funcionar. Lo mismo sucede con nuestros cuerpos. Desarrolla mejores hábitos alimenticios al consumir menos azúcar y sustituirla por algunos alimentos integrales como vegetales.

10. Una mentalidad de igualdad

Repite esto en voz alta

SOY VALIOSO, SOY VALIOSO, SOY VALIOSO

Evita percibirte como que no eres valioso comparándote con los demás. Cada persona tiene su propia vida, sus propias luchas.

Aquellos con inseguridad verán a quienes los rodean como superiores o más merecedores que ellos. En lugar de ser víctima de esta percepción, percíbete como alguien igual de valioso que el resto.

No puedo enfatizar lo suficiente que estas personas no son más merecedoras o mejores que tú. Toma una decisión consciente de cambiar mentalmente la percepción de ti mismo sabiendo que eres igual a los demás.

Presta atención a mi advertencia: *se ha demostrado que este cambio de mentalidad mejora notablemente la confianza en uno mismo.*

Conclusión

¡Muchas gracias por tomarte el tiempo de leer este libro! Ahora que lo has superado con éxito, tiene el conocimiento teórico que necesitarás para aumentar tu confianza y tomar medidas.

Cubrimos muchos temas y, sin duda, hay mucha información para digerir. El mejor enfoque en el futuro es no sentirte abrumado por la cantidad de opciones para aumentar tu confianza, ¡sino elegir dos o tres consejos y ponerlos en práctica de inmediato!

Leer y actuar será la diferencia entre entender teóricamente cómo mejorar tu autoestima y ver resultados. Tómatelo con calma y mira qué funciona mejor para ti.

La perseverancia y la determinación allanarán el camino hacia tu resultado final No permitas que los fracasos te desvíen, úsalos como peldaños hacia tu éxito mientras que comienzas a aprender de cada experiencia. Este libro fue escrito con la firme creencia de que tú también puedes alcanzar la grandeza y creemos completamente en tu capacidad para alcanzar tus objetivos. Ahora levántate y comienza a trabajar para construir esa confianza. ¡El mundo está lleno de oportunidades y posibilidades increíbles y con tu confianza recién descubierta estás listo para tomarlas!

Libro 6. Cómo hablar con cualquier persona

Una Guía para Dominar Tus Habilidades Sociales y Conversaciones Cotidianas. Desarrollar Carisma. Cómo Hacer Amigos e Influir en las Personas con 53 Temas de Conversación Fáciles que Puedes Usar para Hablar Fácilmente con Cualquier Persona

Introducción

A medida que avanzas en tu vida cotidiana, difícilmente puedes evitar interactuar con personas. Los humanos son criaturas sociales, es prácticamente imposible ir a un evento social sin hablar con nadie en algún momento. De hecho, incluso las interacciones breves, como pagar tu compra en una tienda requieren una cantidad mínima de conversación. Puede que no te guste, puedes ser introvertido, sufrir ansiedad social o simplemente no ser conversador por naturaleza, pero no hay mucho que puedas hacer una vez que alguien se dirige a ti o cuando necesitas dirigirte a alguien. Es cierto que Internet y varias aplicaciones móviles han hecho posible minimizar la cantidad de interacción cuando se trata de comprar en línea o pedir comida, pero piensa en situaciones en las que simplemente no es posible. Una visita al consultorio del médico, por ejemplo. ¿Te imaginas permanecer en silencio durante todo el examen? Simplemente no es posible. Inevitablemente, tu médico te hará preguntas y deberás proporcionar respuestas que lo ayuden a diagnosticarte. Otro ejemplo es una entrevista de trabajo. La persona que te entreviste podrá obtener mucha información solo por hablar contigo. Si tus habilidades fueran lo único que importara, te habrían contratado solo con mirar tu currículum, si bien puedes trabajar desde tu casa, ésta no es una opción para algunas personas. En situaciones como estas, es necesario tener la habilidad de hablar con cualquiera.

Es cierto que a algunas personas les resulta más fácil acercarse a extraños que a otras. De hecho, no necesitan ningún tipo de esfuerzo. Incluso pueden charlar con alguien que acaban de conocer y estar perfectamente a gusto. Sin embargo, desafortunadamente este no es el caso para mucha gente. Si eres uno de ellos, no te preocupes. La capacidad de hablar con cualquiera se puede aprender y perfeccionar a través de la práctica. Esta habilidad será útil cuando trates de hacer amigos, construyas relaciones comerciales o disipes un silencio incómodo.

Poder iniciar una conversación y mantener el interés de la persona con quién estás hablando no es tan difícil como parece una vez que tienes los conocimientos básicos que necesitas para acercarte a ellas.

La gente ha usado el habla como una forma de comunicarse desde el principio. Al hablar con otros, los humanos expresaron sus sentimientos, transfirieron conocimiento, resolvieron problemas y solicitaron ayuda. A las personas que tienen habilidades de conversación se les asigna, hasta el día de hoy, un trabajo importante que requiere sabiduría e inteligencia. Embajadores, comercializadores, maestros y muchas otras profesiones que requieren habilidades de persuasión, habilidades de negociación y habilidades sociales refinadas. ¿Te imaginas la cantidad de guerras que se evitaron gracias a una comunicación adecuada entre países? Los embajadores suelen ser personas que saben qué decir y cómo decirlo, a menudo suavizando el proceso para las personas a cargo. Pueden usar sus palabras para apaciguar una situación delicada y mantener la paz. Es cierto que son conscientes de la postura política de ambos países, pero confían más en su capacidad para manejar palabras que en el conocimiento de los hechos en sus interacciones.

Si bien es posible que no aspires a representar a tu país, perfeccionar tus habilidades de comunicación te ayudará a mejorar muchos aspectos de tu vida.

Por una vez, te involucrarás en situaciones sociales sintiéndote más seguro, ya que tendrás una mejor capacidad para interactuar con las personas. Podrás navegar por la vida escolar y trabajar de manera más eficiente, ya que sabrás cómo tratar con diferentes personas, ya sean tus compañeros, maestros o personal administrativo. También serás capaz de mantener mejor tus relaciones personales y formar otras nuevas. Hacer amigos será mucho más fácil y será el proceso libre de estrés que debería ser.

Si aún no puedes ver los beneficios de aprender a hablar con las personas adecuadamente, piensa en ese amigo exitoso que tienes. Les va muy bien en su trabajo, son geniales en las reuniones, hablar con extraños les es pan comido e incluso puedes presentarlo a tus padres con la garantía de que ellos estarán encantados. Ese amigo no es así porque son agradables por naturaleza o porque pueden lanzar hechizos en secreto sobre otros para ganarse su afecto. Simplemente han desarrollado sus habilidades de comunicación y se han vuelto tan buenos usándolas que hacen que hablar con la gente parezca fácil. Y aquellos a los que a menudo se les llama lenguas de plata suelen ser buenos para usar las palabras correctas en la persona correcta.

Cuando te acostumbres a conversar del día a día y pases a saber cómo abordar situaciones especiales mediante la comprensión de las señales sociales y la lectura del estado de ánimo, tu vida será mucho más fácil. Verás, en la mayoría de los casos, es solo una cuestión de hablar con aplomo y decirle a la gente lo que quiere escuchar. A veces, sorprendentemente, no tienes que hacer un gran esfuerzo en absoluto. Simplemente mantente alejado de temas problemáticos o polarizados como la política o la religión y asegúrate de no ofender a nadie. Si tienes mucha suerte, puedes encontrarte conversando con alguien que sepa cómo mantener la conversación fluyendo, el esfuerzo se dividirá entre ustedes para hacerla funcionar.

Por la forma en la que la abordamos hace que las conversaciones suenen como un tema muy desalentador, ¿no es así? En realidad, en realidad no es tan mala y puedes terminar disfrutándola. Por supuesto, habrá ocasiones en las que tendrás charlas tediosas y tendrás que hablar sobre algo que no te interesa. Pero también conocerás personas interesantes con las que disfrutarás hablando. Habrá casos en los que descubras intereses compartidos entre tu compañero de conversación y tú, y algún día recordarás esa conversación en particular sintiéndote agradecido de haber hecho el esfuerzo de hablar con quien luego se convertiría en un querido amigo.

Ahora, para que todo eso suceda, debes estar dispuesto a salir físicamente y hablar con la gente. Esto es algo que depende totalmente de ti. Tú eres el único que tiene el poder de actuar y tomar la decisión de aprender esta habilidad. Este libro no es más que una herramienta en la que puedes confiar en tu viaje. Aclarará algunos conceptos y organizará el proceso por ti.

Si estás listo para hacer el esfuerzo para mejorar tus habilidades conversacionales y aprender a hablar con cualquiera, sigue leyendo. Aprender esta habilidad te abrirá puertas que ni siquiera sabías que existían.

Capítulo 1: Comunicación y desarrollo

De todos los seres vivos, los humanos tienen la ventaja de usar palabras para comunicarse. Esta ventaja en particular refleja la inteligencia y las habilidades sociales de una persona cuando interactúa con otros. El lenguaje juega un papel muy importante en la formación de individuos y comunidades. Influye en la cultura, las creencias y las normas sociales. En los individuos, el lenguaje no solo desempeña el papel de ser un medio para transferir conocimiento e información, sino que también interviene en el desarrollo emocional del individuo. Las personas aprenden a expresar sentimientos y pensamientos a una edad temprana a través de la interacción con otros mediante el lenguaje y la comunicación no verbal. Este último juega un papel importante en la expresión de sentimientos y generalmente se presenta en forma de expresiones faciales, lenguaje corporal y contacto visual. Sin embargo, estos indicadores a veces pueden malinterpretarse y las emociones se expresan idealmente a través de palabras. Además, la comunicación verbal y, más específicamente, las conversaciones, ayudan al desarrollo de la inteligencia emocional de una persona. A través de las conversaciones, las personas desarrollan un sentido de empatía y están en mejores condiciones para perfeccionar sus habilidades sociales, como reconocer las señales sociales y usar un lenguaje que se ajuste al contexto. Las conversaciones también permiten a las personas formar y mantener relaciones significativas.

Los tres pilares de la comunicación

Para entender la comunicación, tienes que conocer sus tres pilares.

Comunicación no verbal

Aunque es fácil que una persona distorsione las palabras a su voluntad y las use para mentir y manipular, hacerlo con los signos no verbales es más complicado. Nuestro lenguaje corporal nos traiciona al decir más de lo que estamos expresando con nuestras palabras. Cuando éramos jóvenes, nuestros padres sabían instantáneamente que algo no estaba bien por nuestra renuencia a hacer contacto visual. Incluso podrías haberlo visto en el cine; casos en los que los detectives prestan mucha atención al lenguaje corporal del sospechoso y analizan sus movimientos para determinar si están diciendo la verdad o no. De hecho, darle con el codo o guiñarle a alguien puede comunicarle fácilmente que deseas hacer algo de manera sutil. Preste mucha atención a los signos no verbales cuando estés en una conversación y aprende a interpretarlos correctamente para mejorar tus habilidades como conversador.

Habilidades de comunicación

Estas habilidades reflejan tu destreza como conversador. Esto incluye tu capacidad de usar las palabras correctas para expresarte, la capacidad de obtener las respuestas deseadas de tus compañeros de conversación y lo bueno que eres para mantener la conversación fluyendo.

Asertividad

Ser asertivo no solo muestra la confianza que tienes, sino que también te permite mantenerte fiel a ti mismo. Esto no significa que debas dominar la conversación sin preocuparte por los sentimientos y la comodidad de los demás. Puedes ser honesto acerca de tus puntos de vista y expresar tus opiniones sin temor a faltarle el respeto a otras personas.

Convertirse en un buen conversador requiere mucha práctica. Puedes decir cosas incorrectas a veces o no captar ciertos indicadores, pero son estos errores los que te ayudan a progresar. En tu viaje hacia el éxito, puedes enfrentar algunos obstáculos, el miedo es uno de ellos.

Miedo

Es uno de los mayores obstáculos que tendrás que superar para convertirte en un mejor conversador. Puede ser el miedo a interactuar con otros en general o algo más específico. Por ejemplo, puedes tener miedo al juicio, la vergüenza, el conflicto, la ofensa o cualquier tipo de resultado negativo que pueda resultar de una conversación. Por lo general, el miedo proviene de experiencias pasadas que salieron mal, tu mente te lleva a creer que enfrentarás el mismo resultado lo cual te vuelve temeroso de repetirla. La verdad es que puede que nunca superes tu miedo por completo, pero puedes disminuir su intensidad para que estés mejor capacitado para manejarlo.

Califica tu miedo

Para controlar tu miedo, es importante que comprenda su alcance. Calificar tu miedo te permitirá determinar qué se necesitará para enfrentarlo. Puede ayudar si haces una escala de cosas que te asustan y las usas para clasificar tu miedo a conversar con otros. Por ejemplo, ¿es peor o mejor que tu miedo a la oscuridad? ¿De las alturas? ¿De las arañas? Esos son solo ejemplos, tú conoces mejor tus propios miedos. Hacerte las siguientes preguntas también te ayudará a calificar la intensidad de tu miedo.

- ¿Qué causa que te atemorice hablar con otros?
- ¿Cuándo desarrollaste este miedo?
- ¿Qué causo el desarrollo de este miedo?
- ¿Cuál fue el contexto? Por ejemplo: las personas involucradas, el ambiente, los sonidos, etc.
- ¿Cuándo fue la última vez que experimentaste un sentimiento similar a ese miedo?
- ¿Quién estaba contigo?
- ¿Cómo reaccionaste a ello?
- ¿Cómo te fue al final?

Después de hacerte estas preguntas, califica tu miedo en una escala del 0 a 10. También intenta calificar tu nivel de afrontamiento si vuelves a enfrentar ese miedo.

Calificar tu miedo te ayuda a establecer un punto de referencia que puedes usar como punto de partida. Podrás enfrentar mejor tu miedo cuando sepas dónde estás parado.

Piensa en ello

Enfrentar tu miedo se trata de salir de tu zona de confort y entrar en la situación que te asusta. Cuanto más lo hagas, serás capaz de manejar mejor tu miedo. Lo que sucede es que la exposición repetida a lo que te asusta te obligará a aceptar el hecho de que, en realidad, no es tan aterrador. Sin embargo, a veces no tienes muchas oportunidades de ponerte en el tipo de situación que despierta tu miedo y, en ese caso pensar en ello es una buena alternativa. La idea es imaginarte en la situación en cuestión y visualizar cómo manejarías tu miedo en ese contexto. En este escenario virtual, tienes la ventaja de utilizar diferentes enfoques y ver la situación desde diferentes ángulos. Esto no solo te preparará para enfrentar tus miedos en la vida real, sino que también redirigirá tus pensamientos para ver una situación intimidante de manera diferente.

Enfréntalo

Después de calificar tu miedo y pensar cómo puedes enfrentarlo, el siguiente paso es enfrentarlo. Sal y entra en una situación que te parezca aterradora. Ten en cuenta que ya sabes cómo manejar esto, solo estás poniendo ese conocimiento a prueba. Asiste a entornos sociales e interactúa con extraños. Puedes comenzar lentamente hablando con una persona a la vez. Después de eso, puedes hablar con diferentes personas en la misma ocasión. Luego, puedes comenzar a conversar con grupos de personas.

Capítulo 2: Guía básica para buenas conversaciones: Qué hacer y Qué no

Aunque las conversaciones pueden ser muy flexibles y tienden a variar según el tema y las personas involucradas, hay algunas pautas a respetar al tener una. Reglas, etiqueta o buenas prácticas; como quiera que las llames, estas pautas te ayudarán a convertirte en un gran conversador y te darán un mejor control de la conversación.

Tú

Las siguientes pautas están dirigidas de ti. Te mostrarán cual debería ser tu comportamiento y actitud cuando estés conversando.

No busques ser siempre el centro de atención

Si bien está bien ser el centro de atención entre las personas que conoces, tiende a ser diferente al conversar con extraños. Presumir de tus logros y cantar tus propios méritos te hará parecer arrogante y narcisista. A veces, lo haces con la intención de demostrar que eres alguien que vale la pena conocer, pero las personas pueden hacerse una idea equivocada. Recuerda que cuando hablas con gente nueva, tienes una pizarra limpia y la primera impresión que quieres que tengan de ti es positiva.

No todo es acerca de ti

Al igual que tú, otras personas están preocupadas por la impresión que estarán causando en una fiesta de extraños. Esto significa que probablemente no notarán el botón que falta en tus puños ni verán el grano que te encontraste en la barbilla cuando despertaste. Están demasiado preocupados por sí mismos como para centrar su atención en ti. Si se dan cuenta, aprovecha al máximo la situación bromeando al respecto. Deben haber tenido un momento de torpeza en otros eventos así que se identificarán. Además, es una buena oportunidad para entablar una conversación relajada.

La empatía lo es todo

Tener empatía es un signo de inteligencia emocional y siempre es un buen rasgo a tener en una conversación. Las personas aprecian a quienes tienen la capacidad de ver las cosas desde su perspectiva y se esfuerzan por comprender sus luchas. Escucha y trata de ponerte en el lugar de la otra persona. Cuando no estés de acuerdo con algo, hazlo con clase. Incluso si te encuentras hablando con alguien que no puede ver más allá de su propia nariz, sé el maduro. Siempre parte con otros con modales impecables y comportamiento impecable.

Anímalos a hablar sobre sí mismos

Las personas más consideradas son las más apreciadas. Ya establecimos que no debes monopolizar la atención cuando mantienes una conversación, lo que debes hacer es alentar a otros a hablar sobre sí mismos. Preguntarles sobre sus intereses y demostrar que realmente quieres saber más sobre ellos te convierte en alguien con quien disfrutan conversar. Además, intenta crear oportunidades para que otros participen en la conversación. A la gente le gusta sentirse incluida y si haces un esfuerzo por hablar sobre intereses comunes, la conversación continuará.

Eleva tu energía

Hablar con buen ánimo y entusiasmo da vida a una conversación. Todos tuvimos esas conversaciones aburridas con personas que hablan con una voz monótona y ojos entrecerrados y nunca es divertido. Muestra interés cuando hables con tu compañero de conversación y expresa tus puntos de vista con confianza. La energía positiva que emites será contagiosa y la conversación será mucho más interesante.

Sé inquisitivo

Esto significa hacer preguntas. Actúa como un recipiente vacío que se llena gradualmente con toda la información que recibes. Pregunta a las personas sobre sí mismas, sus intereses, su trabajo, su familia. Si estás hablando con un especialista en un campo que no sea el tuyo, pregúntale sobre los aspectos de su profesión que te intrigan. Esto no solo muestra interés en los demás, sino que también ayuda a mantener una conversación significativa.

Conversación

Las conversaciones son impredecibles. Nunca se sabe qué giro tomará una conversación o cómo terminará. A veces logras dejar una conversación con una vista alterada o haber aprendido algo nuevo. Eso es lo que hace que las conversaciones sean tan interesantes. El hecho de que no puedes saber con seguridad cómo progresarán. Eso no significa que debas desatar tus pensamientos sin algún tipo de control cuando estés teniendo una conversación. Hay algunas reglas que todas las partes deben respetar al tener una conversación. Conversar con las personas debe ser cómodo y adecuado. Nadie debe sentirse insultado o inquieto y la opinión de todos debe ser respetada. Aquí hay algunos consejos para ayudarte.

Mantén la conversación flexible

Esto se dijo antes, las conversaciones son impredecibles. Una conversación puede dar un giro inesperado, puede cambiar a un tema diferente, puede interrumpirse o simplemente apagarse. Tu trabajo es mantenerte con el ritmo de dicha conversación. Si se detiene, comienza otra conversación sobre un tema diferente. Cuanto mejor sea tu capacidad de adaptarte a la dinámica de la conversación, mejor conversador serás.

No evites las conversaciones cotidianas

Las conversaciones cotidianas a menudo se ven como una forma sin sentido de iniciar una conversación, básicamente una pérdida de tiempo. Sin embargo, es más importante de lo que piensas. Puedes confiar en las pequeñas charlas para causar una buena primera impresión, además te ayudan a tener una idea de la personalidad de la persona con la que hablas. Puedes decir que es una forma de tantear el terreno cuando hablas con una persona nueva. También te ayuda a establecer el ritmo de lo que viene a continuación y te permite pasar sin problemas a una discusión más profunda.

Está atento a temas delicados

Cuando hables con alguien por primera vez, trata de mantenerte alejado de temas delicados. Esto significa que debes evitar hablar sobre cualquier cosa que pueda causar conflictos en caso de una diferencia de opiniones. La política, la religión, la muerte e incluso los deportes son cosas que apasionan a las personas y que pueden afectar su objetividad. Mantén estos temas para cuando conozcas mejor a la persona con la que estás conversando.

Sé observador

Observar a las personas con las que está hablando puede ayudarte a determinar cómo va la conversación. Presta atención a sus expresiones, lenguaje corporal y cualquier movimiento sutil que puedan hacer. Su comportamiento y reacciones a lo que se dice debe guiar tu propia respuesta.

Revisa las señales no verbales

El contacto visual, la postura, las expresiones y el lenguaje corporal pueden darte una idea de cómo progresa la conversación. Si una persona sigue controlando la hora cuando habla contigo, es probable que no le interese la conversación. Si bostezan o se espacian, probablemente estén aburridos. Si fruncen el ceño y cruzan los brazos, es posible que hayas dicho algo problemático u ofensivo. Aprende a leer estas sugerencias sutiles para que puedas redirigir la conversación a algo más interesante o menos arriesgado.

Capítulo 3: Los 58 mejores Temas para tener conversaciones fáciles e interesantes

Una buena conversación está estructurada de modo que comience con un tema de inicio que representa la introducción de la conversación. Luego, pasa a Detalles y Relleno, esta parte es el cuerpo de la conversación y puede incluir múltiples temas. Finalmente, termina con un tema de cierre, que es cuando las partes involucradas ponen fin a la conversación antes de separarse.

Tema de inicio

Esta puede ser la parte más difícil de mantener una conversación. Es difícil porque las personas generalmente no saben por dónde empezar y se sienten nerviosas. Sin embargo, es la parte más importante porque establece el tono de la conversación y te permite causar una primera impresión. La etiqueta de conversación básica dicta que comiences presentándote antes de decir cualquier otra cosa. Aquí están algunos ejemplos;

Excelentes temas de inicio

Los grandes abridores de conversación no deberían sonar cliché. Mantente alejado de hablar acerca del clima, de preguntar de dónde vienen o si vienen por aquí a menudo. En cambio, pregúntales sobre cualquier cosa interesante que les haya sucedido durante la semana o entabla una conversación sobre el evento en el que estás actualmente. Usa tu entorno para iniciar una conversación sobre el lugar donde se celebra el evento o cualquier persona influyente que pueda estar presente. Aquí hay algunas sugerencias que pueden serte útiles:

1. Hola soy _____. ¿Cómo estás?

2. ¿Conoces al anfitrión?

3. Este evento es bastante _____. ¿Has estado en algo similar antes?

4. ¿Qué te trae aquí?

5. Este es un lugar_____. Recuerdo haber ido a _____tenía una ambientación similar. ¿De dónde eres?

6. Los crostinis son _____ ¿No lo crees? ¿Hay algo que recomendarías?

7. ¿A qué te dedicas?

8. ¿Sabías que_____ también asistirá a esta conferencia?

Detalles y relleno

Aquí es donde se supone que debes llevar la conversación a un nivel más profundo. Puedes hablar sobre temas más substanciosos e incluso puedes hacer preguntas personales si cree que sería apropiado. Intenta hacer la transición a esta fase usando el tema de apertura que utilizaste al principio. Aquí hay algunos ejemplos que puedes seguir asumiendo que has comenzado la conversación con una pequeña charla sobre el lugar o el evento que se está llevando a cabo:

9. *Este es un lugar_____. Recuerdo haber ido a _____tenía una ambientación similar. ¿De dónde eres?*

10. Oh, Eso no está muy cerca/lejos de aquí. Yo vivo en _____. En estos momentos me estoy quedando en _____. ¿Te estás quedando en algún hotel cercano?

11. ¿Tienes familiares ahí?

12. ¿También fuiste a la Universidad de allí?

13. ¿En qué te especializaste?

14. ¿En dónde trabajas?

15. ¿Qué implica tu trabajo?

16. *¿Conoces al anfitrión?*

17. ¿Lo conoces? ¿Dónde lo/la conociste?

18. ¿No lo conoces? Yo si lo/la conozco. Nos conocimos en _____. Nos hemos mantenido en contacto. Él/ ella es muy bueno/buena en su trabajo. Si alguna vez necesitas un buen anfitrión, él/ella sería un buen candidato. ¿Conoces otros anfitriones con la misma experiencia?

19. Las compañías de eventos se han vuelto muy popular en la actualidad, ¿no es así? Veo muchas fotos en las redes sociales de ello, son preciosas.

20. ¿Conoces a alguien relacionado a la industria?

21. ¿A quién recomendarías? ¿Tienes su información de contacto?

22. Una vez, Oí/vi/experimenté esta cosa_____con un organizador de eventos. Es básicamente_____. Hubo_____ y _____. ¿Has experimentado algo como eso? ¿Cómo fue? ¿Cómo terminó?

23. *Este evento es bastante _____. ¿Has estado en algo similar antes?*

24. ¿Cuál fue la cosa más memorable del evento?

25. Creo que esta clase de eventos es_____. Una vez me dijeron que_____. ¿Increíble, cierto? ¿Qué piensas acerca de eso?

26. ¿Estás disfrutando el evento?

27. ¿Crees que este evento puede ser mejorado? ¿Cómo lo harías?

28. Está este evento al que fui una vez y algunas cosas inesperadas pasaron. _____. ¿Qué piensas acerca de eso?

29. ¿Qué te trae aquí?

30. ¿Conoces a mucha gente aquí?

31. Conozco al_____. Somos_____. ¿Sabes quién es?

32. *Los crostinis son____ ¿No lo crees? ¿Hay algo que recomendarías?*

33. Una vez tuve que pasar por la desagradable experiencia de comer _____. Había estado en_____, Se celebró por_____. No mucho después había llegado a_____. ¿Alguna vez has comido algo que no te haya gustado para nada?

34. Soy aficionado a la cocina, siempre lo he sido. Realmente disfruto mirar videos de cocina en un canal de YouTube llamado _____. ¿También disfrutas programas de cocina o algo similar?

35. Siempre que viajo me aseguro de probar la comida famosa de la región. Fui a_____ y la comida local era increíble. ¿Has estado ahí antes? ¿Alguna vez has tenido_____? ¿Qué piensas de eso?

36. ¿También te gusta viajar?

37. ¿En qué sitios has estado?
    A. ¿Hubo algo memorable que haya pasado mientras estabas allí?
    B. ¿Encontraste la comida agradable?

C. ¿Algún genial sitio turístico?

D. Estoy planeando visitar_____, pronto. ¿Qué lugares recomiendas?

E. ¿Cuál es el mejor lugar para quedarse o visitar?

38. Acabo de recordar algo raro. Una vez fui a un restaurante en_____ y su especialidad era_____. Es bastante particular, ¿No es así? ¿Cuál es la comida más rara que te hayan servido?

¿A qué te dedicas?

39. ¿En serio? Suena a un interesante trabajo. ¿Qué haces normalmente en tu trabajo?

40. ¿Cómo se llama tu compañía? ¿De qué negocios se ocupa?

41. Bueno, mi trabajo es_____ para una _____compañía. Mi trabajo es_____ y_____. ¿Es similar a lo que haces en tu trabajo?

42. ¿Hace cuánto tienes ese trabajo? ¿Qué disfrutas de él?

43. Bueno, he estado en mi trabajo actual por_____, años. Anteriormente trabajé en _____ como un_____. Renuncié a ese trabajo después de un tiempo porque_____. Me gusta el/la _____ de mi trabajo actual. ¿Y tú? ¿Cuáles crees que sean los atractivos de un trabajo?

44. ¿Si tuvieras que elegir entre dinero y cultura cuál elegirías? ¿Por qué?

45. Sí, no puedo oponerme a eso. Una vez trabajé con alguien que _____. Él/ella _____, Y después de un tiempo _____. ¿Qué piensas acerca de situaciones como esa?

46. ¿Te ha pasado algo en tu trabajo que sea inolvidable?

Como puedes ver, una conversación puede tomar varios caminos incluso si empezó con el mismo tema de inicio. Depende de ti y de lo que te quieras conocer acerca de la persona con la que estás hablando. Puedes hacerles cualquier pregunta que pueda alargar la charla siempre y cuando estés genuinamente interesado en ellos y también estés dispuesto a compartir acerca de ti en cambio. La mejor manera de hacerlo es comentar información relacionada contigo y después preguntarles acerca de la misma cosa. **"Yo soy_____. ¿Y tú?"**

El punto es pasar la batuta a tu compañero para que de esta forma puedan hacer su parte de mantener la conversación fluyendo. Recuerda no realizar tus preguntas de manera que puedan responderse con un sí o un no, debido a que esto podría llevar la conversación a su final.

Tema de cierre

El tema de cierre, al igual que el de inicio, es un poco complicado. Principalmente porque tienes que finalizar la conversación una vez se haya vuelto interesante y después que tu compañero haya tomado interés en ti. Tienes que terminarla con gracia, manteniendo la buena impresión que tu compañero se ha formado acerca de ti.

El factor principal a considerar es el tiempo. Debes estar al tanto del tiempo y asegurarte de que también tienes tiempo suficiente para despedirte de tus conocidos. Puedes esperar hasta que el reloj marque una hora determinada y decir que tienes otro compromiso o incluso pedirle a un amigo que te recuerde que es hora de que te vayas. Asegúrate de que las personas con las que estabas hablando sepan que disfrutaste hablar con ellos y que disfrutaste conocerlos. Diles que esperas que puedan conversar pronto e intercambien tarjetas de negocios o información de contacto antes de partir.

El poderoso arte de las pequeñas charlas

Ya hemos establecido la importancia de las pequeñas charlas. Te permiten establecer el ritmo de la conversación para luego pasar a temas más profundos. También te permiten causar una buena impresión que te ayudará a controlar el flujo de la conversación más adelante. Sin embargo, debes tener confianza y saber cómo hacerlo correctamente para obtener los resultados deseados. Puede hacer que la charla sea muy interesante si tienes el conjunto adecuado de habilidades para hacerlo. Es complicado de manera que cualquier palabra mal calculada pueda conducir a resultados incómodos, pero incluso eso puede ser remediado por un conversador experto. Aquí hay algunos ejemplos de temas que son seguros para pequeñas charlas en cualquier contexto dado.

47. Cualquier cosa sobre el clima

Este es, pon mucho, el tema más común para las pequeñas charlas y por una buena razón. La gente ha discutido sobre el clima para romper el hielo durante cientos de años y, aunque puede ser un cliché, es poco probable que te cause algún problema. Lo interesante sobre el clima es que varía de un día a otro y pueden surgir muchos temas que giren en torno a él.

A. Aunque los caminos son un poco difíciles de transitar con esta lluvia, pienso que es mucho mejor que el abrasador calor del verano. Lo ideal sería tener un clima frío sin tanta lluvia, ¿no crees?

B. Este es un gran día, ¿no es así? El clima es perfecto. Siempre he disfrutado la primavera. Soleado, pero no caluroso ni tampoco frío. ¿También disfrutas de esta clase de clima?

48. Personas

Hay innumerables temas que pueden inspirarse en su entorno. Las personas son un buen tema con el cual empezar cuando inicias una conversación. Las personas son interesantes debido a que cada una es única y todas tienen diferentes apariencias y personalidades. Entonces, cuando estés pensando en un buen tema de inicio, mira a las personas que están presentes a tu alrededor. Sé amable cuando hables de otros, hay una línea muy delgada entre los chismes inofensivos y las murmuraciones.

A. No creo que haya visto antes en esta clase de eventos a tantos niños corriendo por ahí, ¿tienes hijos?

B. Si miras por allá verás a la Señora _____. Es dueña de una zapatería donde puedes encontrar los tacones más cómodos y las botas más resistentes. Siempre que voy termino comprando dos pares de zapatos en vez de uno. ¿Alguna vez has estado en su tienda? ¿Conoces otras tiendas buenas por aquí? ¿Vives cerca?

49. Alrededores

Otro tema potencial que puede surgir al observar tu entorno son los paisajes. Especialmente si el evento se lleva a cabo en un lugar externo. Elije una vista interesante y úsala para hacer pequeña charla y luego haga una transición sin problemas a otros temas.

- A. El lago es precioso, ¿no es así? Amo como el amanecer es reflejado en la superficie. Incluso vi patos nadando más temprano. En invierno una delgada capa de nieve cubre la superficie, aunque tristemente no es lo suficientemente gruesa como para esquiar. Oh lo siento, si eres de por aquí ya probablemente sabes eso, ¿cierto? ¿O no eres de por aquí? ¿De dónde eres? ¿te estás quedando en la posada _____?

- B. ¿Ves aquellos arboles al otro lado de la propiedad? Son árboles de_____. Fueron plantados por el primer dueño. Siguen dando frutos hasta este día. ¿Los has visto en primavera cuando florecen? ¿Vives cerca?

- C. Amo aquel viejo cobertizo. Cuando era niño, solíamos jugar a las escondidas aquí, peleábamos por ver quién lo usaría como lugar de escondite. ¿Tenías algún sitio favorito dónde esconderte? ¿Tienes hijos? ¿Son aficionados al juego también?

50. Eventos y temporadas

Si hay alguna particularidad sobre la época del año, puede valer la pena hablar de ello. Las fiestas y ocasiones especiales o cualquier otro evento especial es un buen tema para abordar cuando se intenta iniciar una conversación.

A. Hace mucho frío, espero que tengamos una Blanca Navidad. ¿Es tu primera Navidad aquí?

B. Los niños están muy entusiasmados por la Pascua. ¿También dejas que los niños participen en hacer huevos de Pascua en tu hogar?

51. Experiencias personales

Este puede ser más difícil de manejar. Hacer preguntas personales puede parecer invasivo y fisgón. Intenta observar a tu compañero y leer su carácter para luego decidir si hablar sobre asuntos personales es una buena idea o no.

A. Pareces perdido en tus pensamientos, ¿Hay algo que te esté molestando?

B. Pareces ser alguien que vale la pena conocer. ¿Te importaría hablarme acerca de ti?

52. Deportes y juegos

Si bien los deportes pueden ser el tema de una conversación entera por sí mismos, también se pueden usar para iniciar la conversación. No importa qué época del año sea, lo más probable es que haya un evento deportivo en curso. Tal vez sea la temporada de fútbol o los playoffs de la NBA, tu equipo de Hockey favorito podría estar jugando la próxima semana o que se celebren los Juegos Olímpicos.

"La Copa del Mundo está llegando a su fin, me pregunto quién ganará. Es una pena que no hayamos llegado a la final, ¿a qué equipo le vas?"

53. Intereses comunes

Tener un amigo común o haber ido a la misma universidad puede darte la oportunidad perfecta para iniciar una conversación. Ya que les proporciona a ti y a tu pareja una sensación de camaradería que puede instantáneamente relajarte.

- A. Veo que tienes un suéter de la universidad_____. También asistí allí. ¿Cuál fue tu especialización?
- B. ¿Conoces a Mason desde hace mucho tiempo? Él es mi hermano, pero creo que esta es la primera vez que nos vemos tú y yo

54. Música

No hay mucha gente por ahí a la que no le guste la música. Independientemente del género, la música es algo que ha sido un arte popular por mucho tiempo. También es muy diverso, por lo que puedes encontrar muchos temas que giren en torno a ella. Si suena música en el evento al que asistes, úsala como una ventaja para comenzar una conversación sobre la banda u orquesta.

"Nunca antes había escuchado a esta banda, ¡Realmente me gusta lo que están tocando! ¿Conoces, por casualidad, el título de esta canción? ¿Eres un fan? ¿Escuchas a menudo este género de música?

55. Eventos actuales

Puedes informarte de los eventos actuales a través de las noticias, los periódicos e incluso las redes sociales. Lo que está sucediendo en el mundo es algo de lo que puedes hablar porque es probable que tu compañero también lo haya escuchado. Sin embargo, asegúrate de que tus opiniones no suenen ofensivas para la otra parte ya que podría ver las cosas desde una perspectiva diferente, si ese es el caso, sé paciente y empático.

A. No puedo crees lo que ésta pasando con la selva. Que un sitio que produce el 20% del oxígeno del mundo arda así es motivo de preocupación. ¿Crees que aún puede ser salvada?

B. Ha habido muchas protestas en Francia desde que el nuevo presidente hizo todos esos cambios. Parece que la situación sigue empeorando. ¿Qué piensas sobre lo que está pasando allí?

56. Trabajo

El trabajo es uno de los temas más seguros para usar como iniciador de una conversación. No es problemático de ninguna manera y es neutral debido a que describes rutinas y proporcionas información sobre lo que haces en lugar de expresar opiniones. Por lo general, discutes la naturaleza de tu trabajo y el tipo de empresa para la que trabajas. También puedes analizar la cultura y cualquier política en particular que consideres que valga la pena mencionar. (Consulta los puntos 31-38)

57. Pasatiempos y manualidades

Este es un tema muy interesante y también se puede utilizar como tema de inicio en cualquier contexto. Si asistes a un evento donde puede que asistan artistas o entusiastas de la artesanía, úsalo para entablar una conversación. Es bueno saber algo sobre el oficio o el pasatiempo en cuestión, pero si no lo haces, puede ser una gran oportunidad para aprender más sobre ello mientras inicias una conversación. Simplemente muestra un interés genuino y la otra parte se encargará del resto mientras te comenta sobre el tema.

"La alfarería siempre me ha parecido una artesanía muy relajante y satisfactoria. Siempre quise probarla, pero no he encontrado una academia cerca de donde vivo donde pueda aprenderla. ¿Puedes contarme sobre el proceso? ¿Hay diferentes tipos de arcilla que puedes usar?

58. Problemas mundiales

Este puede ser un tema delicado para hablar. Debes ser empático, respetuoso y discreto al hablar sobre asuntos mundiales con otros, especialmente porque las opiniones pueden variar según el tema. Debes estar lo suficientemente familiarizado con el tema, asegurarte de que no te falte experiencia sobre el mismo y tener en cuenta a todas las partes en caso de que el tema involucre diversidad social relacionada con la raza, el origen étnico, la religión, las opiniones políticas, etc. Sé abierto a las opiniones de otras personas y trata de olvidar cualquier sesgo que puedas tener. Siempre hay diferentes lados de la misma historia y al hablar con otras personas, puedes ver las cosas desde diferentes puntos de vista. Si no tienes suficiente conocimiento sobre algo, pregunta y demuestra que estás dispuesto a aprender. Dejar que otros te eduquen sobre un tema que ignoras es mejor que afirmar que lo sabes todo y avergonzarte a ti mismo.

59. Cualquier otra cosa de interés

Todo lo que te rodea puede convertirse en un tema de conversación. Puedes hablar y hacer preguntas sobre cualquier cosa. Recuerda que hay una historia para todo y para todos. La anciana que alimenta a las palomas en el parque, el antiguo edificio en las afueras de la ciudad y el joven que siempre está tratando de reclutarte para el refugio de animales local. Puedes escuchar sus historias y luego contarlas tú mismo a otras personas. Todo lo que necesitas es un interés en esas cosas y la capacidad de convertirlas en un tema interesante para hablar.

Capítulo 4: Conversación puesta en práctica

La mejor manera de mejorar en algo es practicar, no hay secreto allí. Aprendiste de los capítulos anteriores cómo manejar tu miedo, leer el lenguaje corporal de las personas y usar pequeñas charlas para mejorar tus habilidades de conversación. Entonces, ya sabes todo lo que necesitas saber en teoría. El siguiente paso es poner ese conocimiento en práctica. Entra en entornos sociales y comienza a tener conversaciones. Aquí hay más consejos para ayudarte en tu esfuerzo.

Evita las respuestas de una sola palabra

Las respuestas breves siempre son incómodas. Pueden hacer que parezcas distante y desinteresado y detendrán la conversación. Este es el caso para ambas partes. Intenta evitar responder preguntas con sí o no y, si su pareja lo hace, no te desanimes y piensa en formas de mantener la conversación. Hacer tú una pregunta después de dar una respuesta es una buena manera de mantener el flujo de la conversación.

Otro acercamiento es hacer preguntas abiertas.

Las preguntas abiertas incitan a la conversación debido a que no se pueden responder con respuestas de una palabra. Aquí hay algunos ejemplos de preguntas abiertas:

- "¿En dónde te gustaría estar en cinco años?"
- "¿Cuál son las prioridades más importantes en tus negocios este año?"

- "¿Qué quieres lograr este año?"
- "¿Cuál fue la última conversación interesante que tuviste?
- "Creo firmemente que cada día se debe aprender algo nuevo, ¿Cuál ha sido la última cosa que has aprendido?
- "Háblame de tu relación con tu jefe"
- "¿Cuál fue el último desafío que tomaste?
    - "¿Qué piensas que pudiste haber hecho mejor?

Sé honesto y genuino

No hay mucho que decir, solo sé honesto, genuino y natural. Las personas notan fácilmente modales falsos y no se sienten cómodos hablando con alguien que no muestra su verdadera naturaleza. Su sinceridad será mucho más apreciada que cualquier intento de parecer sofisticado. Mantenlo real y simple y sé tú mismo.

Recuerda su primer nombre

Presta atención a la persona cuando se presenten y asegúrate de recordar su primer nombre. Esto demuestra que estás interesado en ellos y que quieres crear una sensación de camaradería con ellos. Dirigirse a ellos usando su primer nombre, después de asegurarte de que se sientan cómodos con ello, puede tranquilizarlos.

Olvidar el nombre de alguien no solo es vergonzoso, sino que también puede ofender fácilmente a la otra persona. Puede haber ramificaciones significativas y dañar seriamente las relaciones comerciales. Dale Carnegie dijo una vez: "El nombre de una persona es para él o ella el sonido más dulce e importante en cualquier idioma".

Estos son algunos pasos para que recordar el primer nombre de una persona sea sencillo

1. **Concéntrate solamente en la persona**

    En el momento en el que conozcas a alguien, préstale toda tu atención.

    A. Alinea tus hombros con los de él o ella.

    B. Míralo/mírala a los ojos

    C. Da un apretón de manos

    D. Sonríe con tus ojos

    E. Escucha atentamente

    Aprender su nombre e interactuar de manera significativa es la máxima prioridad. Evite distraerte y no culpes a la mala memoria. Con toda honestidad, olvidar el nombre de alguien a menudo es causado por la falta de concentración y esfuerzo, en lugar de una deficiencia cerebral.

2. Usa su nombre en voz alta

Esta es básicamente una forma de reforzar su nombre en tu memoria. Deberías usar su nombre inmediatamente después de que se presenten y luego al menos una vez más al final de la conversación agradeciéndoles.

3. Hazle preguntas usando su nombre

Usa su nombre al principio o al final de una pregunta. Esto les brinda la oportunidad de hablar, lo que ayuda a almacenar su nombre en tu memoria. A la gente le encanta escuchar su propio nombre, es un hecho. También transmite el mensaje de que estás interesado en él o ella y quieres aprender más sobre ellos.

Un obstáculo importante es que tendemos a comenzar a hablar de nosotros mismos de inmediato y no mostrar interés en la otra persona, lo que desafortunadamente desvía el enfoque de la otra persona y vuelve a nosotros. Evita este costoso error simplemente incorporando su nombre en una pregunta.

Capítulo 5: Ir más allá con el poder de la conversación

Como se mencionó anteriormente, el asertividad es un elemento clave al mantener conversaciones. Te permite comunicar tus expectativas y expresarte. Te ayuda a participar en la discusión y establecer tu presencia dentro de un grupo de personas. La influencia que ejerce al ser asertivo se basa en los siguientes factores

Interacción

La interacción con las personas nos permite leer su lenguaje corporal y las sutiles señales no verbales que acompañan su participación en una conversación. Esto, a su vez, nos ayuda a comprender a estas personas y su razonamiento, sus gustos y disgustos. Esta comprensión se puede utilizar a tu favor manipulando a las personas con las que estás conversando y, finalmente, dirigiendo la conversación a tu gusto.

Al analizar el lenguaje corporal, es importante tener en cuenta que estas técnicas no se aplican a todas las personas el 100% de las veces. Factores como la cultura y los hábitos de lenguaje corporal únicos de una persona también deben tenerse en cuenta para revelar con precisión las señales no verbales.

Estos son algunos detalles claves a los que tienes que estar atento:

1. **Estudia los ojos**

    El comportamiento de los ojos puede ser muy revelador. Cuando hables con alguien, presta mucha atención a si él o ella hacen contacto visual directo o miran hacia otro lado.

    La incapacidad de hacer contacto visual directo al mirar en otra dirección puede significar engaño, aburrimiento e incluso desinterés. Por otro lado, si una persona tiene la mirada baja, a menudo indica sumisión o nerviosismo.

    A.   Dilatación de la pupila

    Cuando una persona está realmente interesada y su cerebro está trabajando activamente para seguir la conversación, las pupilas se dilatarán. Por ejemplo, si alguien se centra en alguien o en algo que le gusta, sus pupilas se dilatarán espontáneamente.

    Puede ser difícil detectar la dilatación de las pupilas, sí embargo, si prestas atención puede que seas capaz de percibirla.

    B.   Frecuencia de parpadeo

    La frecuencia de parpadeo de una persona puede ser una señal reveladora de lo que está sucediendo dentro de ella. Esta frecuencia a menudo aumentará cuando alguien esté pensando más activamente o esté estresado. En raras ocasiones, el parpadeo frecuente puede indicar una mentira cuando se combina con el tacto de los ojos y la boca.

C. Mirada

Mirar algo puede indicar un deseo por ello.

Por ejemplo, si alguien mira con frecuencia la puerta, esto podría significar que desea irse. Mirar a otra persona puede significar un deseo de hablar con él o ella. También se dice que mirar hacia arriba y hacia la derecha durante una conversación significa que la persona está mintiendo, mientras que, por otro lado, mirar hacia arriba y hacia la izquierda significa que la persona está diciendo la verdad.

Esto se reduce al lado derecho e izquierdo del cerebro para acceder a diferentes funciones cognitivas. Personas que miran hacia arriba y hacia la izquierda y activan el lado izquierdo de su cerebro, lo que ayuda a recordar una memoria real. Aquellos que miran hacia arriba y hacia la derecha están accediendo al lado derecho de su cerebro que tiende a lidiar con la imaginación y la narración creativa.

2. Observa el rostro

Las personas tienden a controlar sus expresiones faciales, pero si prestas mucha atención, podrás detectar algunas señales no verbales.

La sonrisa

Hay una sonrisa falsa y una sonrisa genuina que tienen significados completamente diferentes, es importante conocer qué significa cada una.

Una sonrisa genuina usa toda la cara mientras una sonrisa falsa sólo usa la boca.

Una sonrisa genuina sugiere:

- La persona está feliz y está disfrutando la compañía de las personas que lo/la rodean.

Una sonrisa falsa:

- Está destinada a transmitir placer o aprobación, pero sugiere que la persona se siente de otra forma

Una "media sonrisa":

- Otro comportamiento facial común que usa solo uno u otro lado de la boca lo cual indica sarcasmo o incertidumbre.

3. Proximidad

La proximidad es la distancia entre dos personas, o más bien entre la otra persona y tú. Si deseas una idea general de si una persona te ve favorablemente, vigila qué tan cerca se sienta o se para a tu lado. Estar de pie o sentado cerca de otra persona es potencialmente uno de los mejores indicadores de su conformidad con el otro. Opuesto a esto, si una persona se aleja cuando te acercas a ella, esta podría ser una fuerte señal de que la conexión no es mutua. Ten mucho cuidado con la proximidad, porque el nivel de comodidad a menudo es muy evidente al prestar atención a la distancia entre las personas. El espacio personal puede invadirse accidentalmente y fácilmente crear una situación incómoda si no lees estas importantes señales. Esta distancia variará de una cultura a otra, así que ten en cuenta esta diferencia también.

4. –Mirroring

Mirroring es una técnica poderosa y un concepto fundamental cuando se aprende a leer el lenguaje corporal.

Mirroring es, básicamente, copiar el lenguaje corporal de la otra persona.

Por ejemplo, mientras conversas con alguien, presta atención a la forma en que él o ella se posicionan. Quizás estén sentados con las manos juntas. Si una persona imita tu lenguaje corporal, esta es una clara señal de que está buscando crear una buena relación contigo. Cuando una persona hace algo similar a nosotros, tendemos a sentirnos más cómodos.

5. Posición de los brazos

Los brazos juegan un papel importante en el lenguaje corporal, a menudo indicando lo cómoda que está una persona. Piensa en los brazos como una forma de salvaguardar el cuerpo en situaciones desconocidas.

Si una persona se cruza de brazos mientras se comunica contigo, generalmente es un gesto defensivo. Los brazos cruzados también pueden significar vulnerabilidad, ansiedad o una mente cerrada. Si la persona tiene una sonrisa genuina con los brazos cruzados, puede significar una actitud relajada y segura.

Conocimiento

El conocimiento es importante porque te brinda una sensación de confianza. Nos sentimos más cómodos hablando de algo si sentimos que tenemos un entendimiento profundo de ello. Además, la confianza nos permite ser mejores conversadores. Esto es lo que permite a las personas ser asertivas en primer lugar.

Poder posicional

El poder posicional resulta en asertividad porque las personas que lo poseen saben que tienen el nivel de autoridad que se necesita para ser asertivos. Las personas dan deferencia a la autoridad y, por lo tanto, la persona que ejerce el poder posicional puede liderar y dominar una conversación fácilmente.

Emoción

Los humanos, siendo criaturas emocionales por naturaleza, están influenciados por la pasión. Usar tus emociones cuando te estás expresando y cuánto te importa el tema que se está discutiendo puede influir en las opiniones de las personas a tu favor. Da la impresión de que estás fortalecido por tus sentimientos y de que estás en contacto con la parte de ti mismo que te hace humano. Esto no solo te hace parecer sincero, sino que también te hace identificable. Esto se debe a que nuestras emociones apelan al lado empático en las personas.

Conclusión

¡Felicidades por haber llegado tan lejos! Gracias por leer este libro. Ahora que has aprendido sobre pequeñas charlas, temas de inicio y lo que se debe y no se debe hacer para conversar, estás listo para salir y practicar lo que has aprendido. Recuerda, cuanto más converses, mejores serán tus conversaciones con la gente. Asegúrate de disfrutar también del vínculo humano que establecerás con tus compañeros de conversación y el conocimiento que acumularás al hablar con ellos. Tenemos fe en ti y te alentamos a aprovechar al máximo lo que la vida tiene para ofrecer. ¡Buena suerte!

Libro 7. Habilidades sociales

Técnicas Ejecutivas para Mejorar las Conversaciones, Controlar Tu Timidez, Desarrollar Tu Carisma y Como Hacer Amigos Rápidamente

Introducción

Tus palmas sudan, tu frente está cubierta de perlas calientes de transpiración, te paras frente a una multitud, dándote cuenta de que es tu turno para hablar. Asustado y abrumado con la idea de tener todos esos ojos concentrados en cada una de tus palabras. Sabes lo que quieres decir, pero pareciera que no puedes siquiera murmurar un pío.

Hablar en público puede ser una experiencia muy desalentadora individualmente e incluso frente a grandes grupos de personas. De hecho, la fobia social está clasificada como una entre los primeros diez temores más comunes de los humanos. La mayoría preferiría evitar estas experiencias debilitantes por completo, sin embargo, al menos una vez en nuestras vidas tenemos la tarea de enfrentar este miedo de frente. Porque, la realidad es que, como humanos, somos criaturas sociales y está en nuestra naturaleza las interacciones. Es por eso que uno de los castigos corporales más crueles es el confinamiento solitario.

Un elemento clave para tener una vida exitosa llena de relaciones significativas es cultivar fuertes habilidades comunicativas. Desafortunadamente, muchos sufren de timidez y falta de carisma, lo que finalmente tiene un impacto negativo en su autoestima y en cómo se ven a sí mismos. La forma en que nos vemos es la forma en que percibimos el mundo y lo que creemos que es posible. Incluso puede que conozcas a alguien que es un lobo solitario debido a su falta de habilidades sociales. Una persona ansiosa por irse cuando está con un grupo de personas o que se incomoda interactuando con alguien en la tienda de comestibles.

Si bien es posible que no todos seamos excesivamente tímidos o introvertidos, mejorar tus herramientas de comunicación es fundamental no solo para disfrutar de tus amigos y familiares, sino también para estar mejor preparado para cualquier oportunidad que se te presente. Las habilidades sociales no son algo con lo que las personas nacen, sino más bien un conjunto de habilidades que se adquieren a través de una variedad de experiencias de vida. La buena noticia es que, poco a poco, puedes comenzar a combinar tus experiencias y desarrollar cada interacción para ir evolucionando tus habilidades sociales. Date cuenta de que no estarás por siempre atrapado en ser tímido o en no saber cómo comunicarte de manera efectiva con otras personas. De hecho, es todo lo contrario, y eso es lo hermoso de esto.

Quizás hayas leído libros sobre el desarrollo de habilidades sociales que afirman tener soluciones rápidas, solo para descubrir que están plagados de consejos vagos e inaccesibles. O tal vez buscaste en Internet una solución que realmente pudieras implementar, pero fue en vano ya que no pudiste encontrar una solución fácil. Con tanta información, es fácil sentirse abrumado al tratar de decidir qué enfoque será más efectivo para ti.

Bueno, tienes que saber que está garantizado que este libro no solo te proporcionará los recursos y los pasos a seguir para ayudarte a hacer gigantescos avances con tu confianza, sino que te mostrará cómo relacionarte más fácilmente, a comunicarte de manera efectiva y a fomentar a largo plazo relaciones significativas.

Sin embargo, debes saber que simplemente por leer este libro no te convertirás instantáneamente en un maestro de las habilidades sociales, sino todo lo contrario. Tendrás que poner en práctica los consejos que figuran en las páginas siguientes. El compromiso y la dedicación son críticos para lograr crecimiento y resultados duraderos.

La energía positiva atrae energía positiva y lo mismo puede decirse de la energía negativa. Lo que emitimos es lo que recibiremos. No estoy diciendo esto pretendiendo que tengo poderes sobrenaturales. Pero, piénsalo por un minuto.

El pensamiento positivo atrae aún más pensamientos positivos hacia ti. Pero también hace lo mismo con los pensamientos negativos, así que a partir de este momento comienza a prestar atención al tipo de pensamientos que tienes. Cuando son pensamientos negativos, evita marinarlos o, peor aún, actuar con base a ellos, simplemente déjalos pasar.

Ahora es el momento de tomar medidas y hacer los cambios necesarios para transformar tu vida actual en una increíble, llena de las personas que te mereces. Esto solo puede comenzar una vez que te comprometas a poner fin a los sentimientos que trae la ansiedad social consigo. Lo que te espera es un mundo lleno de oportunidades y posibilidades que nunca supiste que existían. ¿Entonces, Qué esperas? ¡Hora de dar el salto!

Capítulo 1: Combatiendo la timidez

Antes de comenzar a trabajar en tus habilidades sociales, es importante identificar los obstáculos que se interpondrán en tu camino y saber cómo superarlos. Uno de esos obstáculos es la timidez. Como sugiere la terminología, el desarrollo de habilidades sociales significa que tendrás que estar en situaciones sociales y la timidez lo hará muy difícil. La timidez se interpondrá en tu mejora en todos los campos que involucran la interacción humana: la escuela, el trabajo y las relaciones. Te impedirá acercarte a las personas y formar vínculos y conexiones significativas. Ya debes conocer los efectos negativos de la timidez en tu vida, así que aquí hay algunos consejos sobre cómo puedes vencerla. Empecemos sin más preámbulos.

Cómo vencer la timidez en uno a uno

Estar en una situación en la que tienes que enfrentar exclusivamente a otra persona puede ser una perspectiva muy intimidante. Puede ser una entrevista, una confrontación o simplemente una conversación cara a cara. Tu timidez te lleva a creer que es una situación amenazante y tu cuerpo reacciona en consecuencia. Tus manos pueden temblar, sudarás, tal vez tu cara se enrojecerá y tu respiración se acelerará. No es el aspecto más atractivo para tener. Para superar esto, debes hacerte creer que no hay peligro a tu alrededor. Debes comprender que estás a salvo y que tienes las cosas bajo control y que todo estará bien.

Puedes hacer eso de esta forma:

1. **Respira profundo**

    Cuando sientas que se te estás abrumando por la ansiedad en una situación con otra persona, respira profundamente y relájate. Inhala, mantén el aire un poco más de lo normal, luego exhala lentamente. Esto te ayuda a calmar tus nervios y al desacelerar tu respiración, también calma tus latidos erráticos. Esto le dice a tu cuerpo que las cosas están bajo control y que no hay necesidad de entrar en modo de lucha o huida.

2. **Cambia tu postura**

    La forma en la que actúas dice mucho sobre el estado de tu mente. Los hombros encorvados, la cabeza doblada y los brazos cruzados revelarán instantáneamente el hecho de que estás nervioso. A partir de ahí, no es difícil deducir que ese nerviosismo proviene de tu timidez. Sin embargo, en cualquier situación social, deseas parecer confiado y para hacerlo, tendrás que ajustar tu postura. Estira la espalda, descruza los brazos y levanta la barbilla. Recuerda, deseas parecer estar cómodo con la situación. Para ello debes trabajar en cualquier señal que creas que te hace parecer nervioso e inquieto. Ser consciente de la postura de tu cuerpo también te ayudará a sentirte más seguro simplemente haciendo pequeños ajustes. De hecho, los investigadores han descubierto que el simple hecho de forzar una sonrisa aumenta la felicidad y alivia el estrés. Sin mencionar que una sonrisa se entiende casi universalmente y trasciende las barreras del idioma.

3. **No te concentres en ti mismo**

   Ser una persona tímida a veces significa que pasas más tiempo con tus pensamientos de lo que deberías y esos pensamientos no siempre son buenos. A veces, cuando estamos en situaciones sociales, nuestros pensamientos toman una mala dirección. Nos dicen que no somos lo suficientemente buenos y que estamos haciendo un desastre. Esto suele suceder especialmente cuando conversamos con alguien a quien consideramos superior. Para superar esos pensamientos negativos, trata de desplazar tu atención de ti hacía tu entorno. Mejor aún, concéntrate en la persona con la que estás. Esto evitará que tu mente se desplace hacia el pensamiento autodestructivo con la ventaja adicional de parecerás atento a lo que la otra persona te está diciendo.

Cómo hacer que tu voz sea escuchada

Las personas tímidas tienden a guardar silencio y a menudo son muy calladas. Esto se debe a su renuencia a interactuar con las personas por miedo a decir algo incorrecto. Cuando hablan, generalmente es en voz baja. Si a menudo se te pide que te repitas o si ves personas inclinadas hacia adelante para escucharte mejor, es probable que sufras este problema. Sin embargo, si vas a entrar en situaciones sociales, deberás asegurarte de que se escuche tu voz. No solo te ayudará a comunicarte adecuadamente, sino que también te dará un aire de confianza. Así es como puedes hacerlo;

1. Respira profundo antes de hablar.
2. Tu voz sonará más fuerte si proviene de tu vientre. Así que asegúrate de que es de dónde surge.

3. Dales forma a tus palabras cuidadosamente y asegúrate de decirlas con claridad.
4. Regula tu ritmo, no hables muy rápido o muy lento.
5. Trata de hablar a través de habitaciones más a menudo. Esto te hará hablar más fuerte.

Aquí hay algunos consejos adicionales acerca de cómo puedes superar la timidez:

1. **Felicítate**

    El sentimiento de logro puede ser adictivo. De hecho, nuestros cerebros nos empujan naturalmente a repetir comportamientos gratificantes. Entonces, cada vez que hables con un extraño o entres en una interacción social, asegúrate de saborear el éxito. Tal vez incluso te recompenses con tu pastel favorito. Aplaude tus esfuerzos y encontrarás que repetir tus acciones te será más fácil cada vez.

2. **Aprende habilidades conversacionales**

    Aprender habilidades de conversación te dará la confianza para interactuar más con los demás. Saber que ya tienes los conocimientos necesarios para conversar con otras personas hará que hablar con ellos sea menos intimidante. Esta es una excelente manera de mejorar rápidamente tus habilidades sociales.

3. **Practica meditación**

    La meditación no solo te ayuda a calmar tus nervios y calmar tu ansiedad, sino que también tiene un efecto de reposo en nuestras mentes. Practica la meditación para alejar los pensamientos negativos y el diálogo interno autocrítico.

4. **Reúnete físicamente con otros seres humanos**

   Es posible que no tengas problemas para comunicarte en las redes sociales y, aunque eso puede hacer que te sientas muy bien, no debes confundirlo con las interacciones en la vida real. Asegúrate de conocer personas reales en la vida real y conversar con ellos. Eso es lo que mejorará tus habilidades sociales. Sin embargo, no está de más canalizar la confianza que se obtiene al enviar mensajes de texto a las personas en línea, esto te dará un impulso de confianza en la vida real.

Cómo superar la timidez en el trabajo o en la escuela

La escuela y el lugar de trabajo son lugares donde las personas pasan la mayor parte de su tiempo. Esto significa que tienen que interactuar con las mismas personas de forma regular y, por lo general, no les toma mucho tiempo darse cuenta de la timidez de una persona. Ser etiquetado como una persona tímida puede ponerte bajo mucha presión adicional; así es como puedes hacer frente a esa presión;

1. **Participación**

   Involúcrate, es así de simple. No esperes a que nadie extienda una invitación, las escuelas y los lugares de trabajo generalmente tienen actividades sociales organizadas en las que cualquiera puede participar. Por lo tanto, ve a ese campamento con tus compañeros de clase o únete a la celebración después de cerrar un gran negocio en la empresa. Esto te brinda grandes oportunidades para trabajar en sus habilidades sociales, así que sal e interactúa con todos los demás.

2. Conviértete en experto

Ser bueno en lo que haces te convierte en una autoridad en ese campo. Las personas naturalmente gravitan hacia la mejor persona en el trabajo para buscar ayuda o aprender de ellas. Si te conviertes en un experto, harás que otros interactúen contigo sin que te acerques a ellos primero. Esto te ayudará a mejorar tus habilidades sociales, ya que ganarás experiencia sobre cómo interactuar con los demás. También ayudará a tu confianza saber que tú eres a quien se puede recurrir cada vez que alguien este enfrentando dificultades.

3. Ponte, deliberadamente, ahí fuera

Ninguna cantidad de lecturas que hagas acerca de la timidez te ayudará a superarla si no sales de tu zona de confort. Sí, puede ser difícil, pero es la única forma en que puedes progresar. Ve a sentarte con tus colegas o compañeros de clase en el almuerzo y tal vez únete a la conversación. Haz una presentación para informar el progreso de tu departamento. Incluso puedes organizar una excursión para conocerlos mejor. Simplemente haz cosas que te permitan interactuar con las personas y desafiar tus limitaciones. Puedes comenzar con algo simple como comprar café para un colega o compartir tus notas con un compañero de clase y luego puedes acelerar el ritmo desde allí.

4. Puntualidad

Llegar a tiempo es algo ventajoso para ti, no solo porque es lo más cortés que puedes hacer. También te evitará tener que entrar en una clase llena de compañeros sentados y un maestro que no apreciará la interrupción. A las personas tímidas rara vez les gusta ser el centro de atención y hacer una entrada te dará exactamente eso. ¡Así que llega a tiempo!

Capítulo 2: Cómo mejorar tus habilidades conversacionales

Los seres humanos, como seres sociales, dependen principalmente de la conversación para comunicarse. Esto implicaría que la interacción social es algo natural para todos los seres humanos. Desafortunadamente, ese no es el caso. Algunos de nosotros solo tenemos que trabajar más para desarrollar esa habilidad. Si a menudo te preguntas qué deberías decir a continuación mientras estás conversando, es probable que también tengas ese problema. Aquí hay algunos consejos para ayudarte a desempeñar tu papel en una conversación para que no tengas que preocuparte de que todo fluya.

Mantén el flujo de la conversación

Hacer una pausa incómoda de vez en cuando en una conversación demuestra lo incómodo que estás con la situación. De esta forma puedes mantener el ritmo de la conversación

Evita provocar respuestas de una sola palabra

Si le haces preguntas afirmativas o negativas a la gente u otro tipo de preguntas que no requieran que piensen, obtendrás respuestas de una palabra y correrás el riesgo de que la conversación termine allí. Haga preguntas que permitan a la otra parte dar una respuesta detallada. Preguntar "¿Qué hiciste el fin de semana?" Será mucho mejor para el flujo de la conversación que preguntar "Cómo estuvo tu fin de semana". Esto se debe a que para responder a la primera pregunta, la otra parte deberá enumerar una lista de las tareas que realizó. Sin embargo, la segunda pregunta solo generará una respuesta como "Bien" o "Nada mal".

No hagas preguntas superficiales

La conversación puede comenzar con una charla relativamente poco profunda, pero si deseas hacer que algo sea significativo, debes llevarla a un nivel más profundo. Mantente alejado de las preguntas superficiales; Cualquier cosa como discutir el clima y el tráfico no te llevará muy lejos. Si la otra parte se siente cómoda, incluso puedes hacer preguntas personales. Solo asegúrate de que no estás hablando por hacerlo, haz que valga la pena.

Comparte para que también quieran compartir

Una conversación es de dos lados. No deberías hacer preguntas interminables sin darles información sobre ti. Después de un tiempo, parecerás fisgón e indiscreto y eso los pondrá en guardia. Ser abierto sobre ti mismo los alentará a hacer lo mismo. Cuando respondan cualquier pregunta que hagas, comparte cómo ves las cosas desde tu perspectiva sobre el tema.

Está bien ser vulnerable

Como se mencionó anteriormente, abrirse a la otra parte los alentará a abrirse a su vez. Cuanto más dispuesto estés a compartir, más te contarán sobre ellos mismos. Así es como puedes ser más abierto cuando tienes una conversación.

Conócete a ti mismo

No podrás hablar sobre tus intereses si ni siquiera sabes cuáles son. Conócete a ti mismo. Descubre cómo es tu personalidad, cuáles son tus puntos de vista y creencias y qué es lo que te apasiona. A medida que te entiendas, tendrás el material que necesitarás para hablar sobre ti. Esto fortalecerá tu autoestima ya que sabrás cuán profundo eres como persona.

Habla sobre ti mismo

Hablar sobre tu vida, tus intereses y tus puntos de vista dará la impresión de que estás dispuesto a hacer una conexión significativa. Cuando las personas con la que estás conversando ven que estás compartiendo partes de ti mismo, querrán hacer lo mismo. Esto alienta a la otra persona a hablar sobre sí misma y así es como crearán un vínculo.

Sin embargo, asegúrate de no parecer egocéntrico o engreído. Y también asegúrate de no compartir demasiado acerca de ti en el momento equivocado.

Hay una delgada línea que tienes que entender cuando estés hablando acerca de ti.

Solo hablar de ti mismo puede crear una impresión negativa, haciendo que las personas estén menos interesadas en tener otra conversación o interactuar contigo en el futuro.

Una conversación de calidad nunca debe ser unilateral, así que imagina que es similar a un juego de ping pong. Siéntete libre de ser curioso acerca de la otra persona y hacer preguntas abiertas. Después de que hayan terminado de hablar, puedes:

1. Hacer comentarios acerca de sus respuestas
2. Hacerles otra pregunta

Si son buenos conversadores, golpearán la hipotética pelota de ping pong en tu dirección y te preguntarán sobre tus pensamientos sobre el tema en particular o, con suerte, te harán una pregunta completamente diferente. Al responder a sus preguntas, a menos que se te pida que las respondas en detalle, mantén tus respuestas de manera que abarquen una visión general. Por supuesto, estos son consejos simples para mantener la conversación en movimiento y no están escritos en piedra. Úsalos como guía a medida que la dinámica de la conversación continúa evolucionando.

Escucha activamente. Espera para responder

Una gran parte de lo que hace a alguien un buen conversador es su habilidad para escuchar. Asegúrate de hacer tu parte de la conversación, pero presta mucha atención a lo que dice la otra persona.

La mayoría de las veces, nosotros, como oyentes, queremos dar consejos mientras la otra persona todavía está hablando. Especialmente cuando alguien se siente vulnerable, pasando por una situación difícil o simplemente desahogándose, queremos cortarlo y dar nuestra opinión. Pensamos para nosotros mismos: "¡Esta persona debe buscar mi consejo si me cuenta su problema!" Sin embargo, en realidad, la mayoría de las personas solo quieren ser escuchadas y no recibir consejos. Este es el enfoque equivocado.

Cuando escuchas a alguien, es importante que tu objetivo final sea comprenderlo y no darle una respuesta. Asegúrate de prestar atención a sus palabras y de estar absorbiendo todo lo que intentan decirte. No pienses en tu respuesta mientras todavía están hablando, espera hasta que terminen y luego tómate un momento para organizar tus pensamientos antes de responder. Escuchar activamente es un paso crucial para desarrollar tus habilidades sociales. A veces, lo que no se dice puede ser aún más poderoso que lo que es.

Una vez más, debe tenerse en cuenta, sin embargo, que una vez que la persona ha terminado de hablar y te pide tu opinión, oficialmente te ha dado permiso para brindarle asesoramiento.

Mantén esto en mente la próxima vez que un amigo, compañero de trabajo, familiar o incluso tu pareja entable una conversación contigo.

Estas son algunas formas de mejorar tus habilidades para escuchar:

1. **Asiente**

    Asentir con la cabeza a lo que te dicen es una señal de concentración y comprensión. Esto muestra que estás prestando atención a lo que se dice y estás haciendo el esfuerzo de seguir la conversación. Sin embargo, no sigas asintiendo sin parar, ya que podrían percibirlo como que intentas fingir que estás interesado en lo que están diciendo. Tienes que saber cuándo dar un asentimiento de validación al final de cada punto que están haciendo.

2. **Aclara a través de preguntas**

    Cuando haces preguntas relacionadas con lo que te dicen, la otra parte sabrá que estás haciendo todo lo posible para comprender lo que están diciendo. No los interrumpas cuando están hablando, haz una pregunta de vez en cuando para hacer las cosas más claras.

3. Repite si es necesario

Después de que una persona termine de hablar sobre cierto punto, intenta repetir lo que estaba diciendo con diferentes palabras antes de compartir tus propios puntos de vista sobre el tema. Esto no solo te ayuda a asegurarte de que los has entendido bien, sino que también les demuestra que has estado prestando atención a lo que estaban diciendo y que estás tan interesado como ellos en la conversación.

Capítulo 3: Cómo desarrollar tu carisma

Saber qué hacer en teoría y mejorar tus habilidades practicando es solo una parte de la ecuación para perfeccionar tus habilidades sociales. El carisma es la otra parte. Ser bueno en lo que haces atraerá la atención de las personas, pero también debes ser capaz de encantar a los demás para conducirte en la vida social. El carisma es lo que te hace una persona memorable. Es lo que impacta en las personas con las que estás socializando.

Atrae su atención

Es muy fácil saber cuándo alguien no te está prestando toda su atención. Es posible que no estén interesados en lo que estás diciendo o simplemente encuentren aburrido como lo dices. Sin embargo, para aumentar tu carisma, también debes fortalecer tu presencia. Tienes que atraer la atención de los demás y hacer que se aferren a cada una de tus palabras. Así es como puedes lograrlo:

Contacto visual

El contacto visual es una herramienta muy poderosa para usar cuando intentas trabajar en tu carisma. Refleja tu confianza, honestidad y voluntad para establecer una conexión con la otra parte. También te permite captar algunas pistas sobre cómo están tomando la conversación.

Expresión facial y gestos

Las expresiones faciales agregan carácter a tus palabras. Causan un gran impacto y reflejan cuánta pasión tienes por tu tema. Practica tus expresiones faciales frente a un espejo o frente a un amigo para que veas si se ven raras o exageradas. El objetivo es producir expresiones faciales que sean lo suficientemente potentes como para agregar peso a tus palabras, pero lo suficientemente naturales como para ser creíbles.

Tus palabras importan

Las palabras son extremadamente poderosas. Durante más de 5,000 años, los humanos se han comunicado entre sí de dos maneras: hablando y escribiendo.

Con una cuidadosa elección de palabras, todo se puede lograr. Tus palabras pueden determinar o dictar tu actitud y las emociones de quienes te rodean. Todos queremos asociarnos con personas felices, entusiastas, satisfechas y amigables.

Aprende a leer emociones

Es importante tener la capacidad de leer las emociones de las personas y reconocerlas solo a través de sus gestos y expresiones faciales. Practica esta habilidad jugando un juego de mímica con algunos amigos. Haz que representen una escena sin decir nada e intenta adivinar lo que está sucediendo. También puedes elegir clips aleatorios de programas que no veas y silenciarlos. Después de eso, pon en práctica lo que has aprendido en situaciones de la vida real e intenta leer las emociones de las personas en entornos sociales. Esto te ayudará a hacer deducciones sobre el estado mental de otras personas únicamente a partir de señales no verbales y responder en consecuencia.

No estés en las nubes

Esto significa prestar toda tu atención a la persona con la que estás conversando. Asegúrate de tener tiempo para escucharlos y de apagar cualquier dispositivo electrónico o fuente de distracción. Presta atención a ellos y asiente de vez en cuando para hacerles saber que estás siguiendo lo que están diciendo.

Elogia a otros en público

La verdad es que nadie recibe tantos elogios como quisieran. El problema es que a las personas les gusta hablar de sí mismas y de lo que hacen bien y perderse en sus propios logros. Si realmente quieres ser más carismático, destaca a los demás. La realidad es que a las personas les encanta recibir elogios y aún más importante para ellos es que te preocupaste lo suficiente como para prestar atención a lo que hacen. Esto no pasará desapercibido, así que alegra el día de alguien y felicítalo.

Evita hablar sobre los fracasos de otros

De vez en cuando podemos disfrutar de un pequeño chisme. Es un hecho de la vida, nos guste o no. A veces, el chisme es demasiado jugoso para no inclinarse y escuchar o incluso participar. Ésta es la cosa, nosotros no tendemos a respetar a aquellos que hablan basura de otros a espaldas de las personas. Esto también incluye reírse de las personas porque inevitablemente perderás la confianza de ellos, ya que esto los llevará a preguntarse si también te ríes de ellos a sus espaldas.

Afecta a tu audiencia

Aumentar tu carisma también se puede lograr impactando a tu audiencia. Conmocionar emocionalmente a las personas con las que estás interactuando e influirles de alguna manera hará que te aprecien y te recuerden. Aquí hay algunas maneras de crear una impresión duradera de quienes te rodean en situaciones sociales.

1. **Serenidad**

   Mantén la calma y la compostura. Deseas verte digno y elegante y eso se expresará a través de tu lenguaje corporal, tonos y expresiones. Habla claramente y asegúrate de no tartamudear en ningún momento de tu discurso. No te inquietes ni te muevas demasiado. Recuerda, quieres parecer perfectamente organizado.

2. **El conocimiento genera confianza**

   Ser una persona con conocimiento siempre te dará un cierto aire de confianza. Es por eso que debes esforzarte por acumular la mayor cantidad de conocimiento posible sobre todo tipo de cosas; tu trabajo, tus pasatiempos, tu cultura e incluso cosas que no te interesan. Tener este conocimiento aumentará tu confianza lo cual tendrá un impacto en las personas que te rodean.

3. **Tu pose**

   Posar es otra forma sutil de parecer carismático. Ya sabes cómo las estrellas de cine siempre toman poses cuando se bajan de sus autos y exudan confianza frente a decenas de cámaras intermitentes. Debes buscar poses que expresen tu autoridad y usarlas cuando interactúes con otros. Poner las manos en los bolsillos puede revelar tu timidez si lo haces mal, pero si te paras con confianza y relajas los hombros, puede reflejar tu comodidad con tu entorno.

4. Menos es más, habla menos

Hablar demasiado le dice a la gente que eres inseguro y que tienes algo que demostrar. Pon valor a tus palabras y solo di lo que sea necesario. No hables demasiado rápido y asegúrate de articular adecuadamente. La selección meticulosa de palabras que son usadas elocuentemente tiene sus ventajas. Las palabras son poderosas, elígelas sabiamente.

Sé rápido en admitir tus fallas

Quiero que pienses en esto por un segundo, si Superman fuera invencible y no tuviera ninguna debilidad, ¿sería tan interesante?

Probablemente no. Verás, debido a que Superman tiene una debilidad por la kriptonita, es más "humano", más identificable, y podemos vernos compartiendo sus experiencias. Cuando compartas tus debilidades, las personas podrán relacionarse mucho mejor contigo, ver quién eres tú y aprender de tus errores. Cuando te burles de ti mismo, la gente no se reirá de ti, sino que se reirá contigo.

Por lo tanto, recuerda mantenerte humilde, admite rápidamente tus fallas y verás cuánto más disfrutarán las personas de estar en tu presencia.

Manejar la incomodidad

Al interactuar con los demás, sentirse fuera de lugar puede llevarnos a comportarnos torpemente. Esta incomodidad puede ser entrañable en algunos casos, pero no ayuda cuando intentas ser más carismático. Aquí hay algunos consejos que pueden ayudarte a deshacerte de la incomodidad no deseada y mejorar tu carisma:

1. **Socializa más**

   Aunque estar en situaciones sociales y comportarse torpemente puede parecer vergonzoso, no hay mejor manera de mejorar. Aprende a reprimir el comportamiento incómodo e interactuar con las personas para practicar las soluciones que se te ocurrieron. Verás que tu torpeza habrá disminuido después de algunas interacciones sociales. Cuanto más socialices, más cómodo te sentirás.

2. **Deja de preocuparte sobre tu comportamiento**

   Preocuparte por lo incómodo que estás solo empeorará las cosas. Al estar consternado por el problema, te pondrás aún más nervioso y te volverá más susceptible a actuar torpemente. En cambio, relájate y actúa de forma natural. Evita pensar que eres una persona tímida y dite a ti mismo que tienes las cosas bajo control y que todo irá bien. ¡Pensamientos positivos! Recuerda, si conscientemente tomas la decisión de que una situación particular no es incómoda, no será incómoda. Esto realmente se reduce a no solo enmarcar la situación de manera positiva, sino también a tener una mentalidad fuerte.

3. **Ponte en forma**

   Tan importante como lo es fortalecer tu estado mental, estar en buena forma física es una excelente manera de disparar tu confianza y ahuyentar cualquier inseguridad que puedas tener sobre tu apariencia. Sin duda, esto te hará sentir más seguro de ti mismo. Además, la actividad física te ayuda a relajarte y librarte de cualquier nerviosismo. Estar en buena forma no solo tendrá un impacto positivo en tu estado mental, sino que claramente también es bueno para tu salud.

No digo que debas convertirte en una rata de gimnasio, correr un maratón o ser un triatleta, pero incorporar un poco más de actividad física en tu vida hará maravillas con tu confianza. Dale una oportunidad.

Precaución: Ponerse en forma físicamente puede tener un significativo impacto positivo en tu esperanza de vida, lo cual es bastante bueno.

Conclusión

¡Felicitaciones, ya has llegado al final del libro! Ahora que estás mejor equipado para tener interacciones significativas en entornos sociales, es hora de probar tus conocimientos recién adquiridos. Participa en reuniones sociales e interactúa con las personas. Habla con extraños y presta atención a todo lo que puedas aprender en cada nuevo compromiso. Mantén un registro de tu progreso y recuerda reconocer tus esfuerzos y recompensarte. ¡Buena suerte!

Libro 8. Terapia Cognitivo Conductual

Estrategias Fáciles y Efectivas para Reconectar Tu Cerebro – Superar la Depresión, las Fobias y la Ansiedad Utilizando Técnicas Psicológicas Altamente Efectivas

Introducción

En la década de 1960, un psiquiatra llamado Aaron Beck hizo una profunda observación durante sesiones analíticas, sus pacientes a menudo tenían un diálogo interno en sus mentes al mismo tiempo. Este diálogo interno era una conversación consigo mismos de la que nunca se hablaba en voz alta. Lo que eventualmente descubrió fue que esta conversación o serie de pensamientos también tenían un impacto significativo en sus emociones.

Durante una sesión típica, Beck podría estar escuchando atentamente al paciente, sin embargo, no dio muchos comentarios además de asentir levemente aquí y allá. Mientras tanto, el paciente podía estar pensando "está muy callado durante esta sesión, me pregunto si está molesto conmigo". Estos pensamientos podían hacer que el paciente se sintiera inseguro, ansioso o sintiera otras emociones negativas. Dentro de la mente del paciente, la conversación interna quizás continuara "puede ser que esté exhausto. Sé que tiene un hijo recién nacido y quizás estuvo despierto toda la noche". De pronto, este diálogo interno podía causar un cambio en las emociones del paciente y hacerlos pasar de sentirse ansiosos a calmados.

Esta revelación fue lo que condujo a Beck a descubrir la fuerte correlación entre nuestros pensamientos y nuestras emociones o sentimientos. Comenzó a expandir este concepto y poco después, acuñó el término pensamientos automáticos, que son pensamientos llenos de emociones que ocurren de repente.

Además, Beck se dio cuenta de que no todo el mundo notaba estos pensamientos y cómo afectaban sus sentimientos, pero con algo de práctica podían desarrollar la capacidad de identificarlos y hacerles seguimiento.

Lo que ocurre es, cuando una persona está en una situación dada, hay un hilo continuo de pensamientos que pasan por su mente, de hecho, estos son los pensamientos que mencionamos anteriormente como pensamientos automáticos. Esos mismos pensamientos cambian en consecuencia para adaptarse al cambio de la situación que el individuo está experimentando. Esos pensamientos son altamente influenciados por las creencias de la persona y sus experiencias anteriores en la vida y cuando la situación sobrepasa la zona de confort del individuo, toman un giro negativo. Él concluyó que identificar estos pensamientos era el componente clave para que el paciente entendiera y combatiera sus desafíos. Si alguien se sentía molesto de alguna manera, los pensamientos subyacentes eran, a menudo, negativos y no eran útiles ni realistas. Pero, abordar estos pensamientos a medida que surgen, hace que sea mucho más fácil manejar las emociones que surgen luego.

La idea de manejar emociones quizás te suene foránea porque puede que pienses que la manera en la que te sientes escapa de tus manos y que tus emociones no pueden ser controladas. Aunque esto es parcialmente cierto, hay más que debes saber. En otras palabras, aunque no puedes alterar tus sentimientos inmediatamente o apagarlos, es posible hacer que tus emociones sean más positivas, o al menos de naturaleza más razonable manejando tus pensamientos actuales.

Esto funciona porque a diferencia de tus emociones, tus pensamientos son algo que puedes controlar. Puedes decidir pensar en otra cosa o cambiar la naturaleza de tus pensamientos en cualquier momento. Así mismo, tienes control total de tus acciones y conducta. Al hacer la transición, tienes un tipo de control indirecto sobre tus sentimientos. Sabes que es cierto porque has pasado por esto antes. Seguramente estuviste en una situación en la que decidiste sacar de tu mente un pensamiento estresante viendo una película o saliendo a caminar. También te dices a ti mismo que pienses en otra cosa cuando estás molesto. Esto es inconscientemente sabes que tus pensamientos y acciones tienen impacto en tus emociones.

Como la terapia engloba técnicas conductuales y también enfatiza en el pensamiento, Beck consideró que fuera Terapia Cognitivo Conductual.

Como dice el dicho, "No importa si piensas que puedes o que no puedes, tienes razón" Piensa en eso por un momento.

Todos tenemos creencias limitantes y son las mismas creencias básicas que evitan que progresemos. De hecho, cuando te das cuenta de que no son eventos específicos los que nos molestan, sino el significado y valor que les damos, puede empezar tu transformación radical.

Si tus pensamientos son muy negativos, pueden bloquear tu capacidad de ver el verdadero potencial de las cosas. Dicho de otra forma, seguimos aferrándonos a los mismos pensamientos viejos y patrones de creencias y fallamos al aprender algo nuevo, lo que obstaculiza nuestro crecimiento.

La TCC es una herramienta poderosa que si se usa correctamente puede cambiar completamente tu manera de ver la vida. Si no me crees, solamente mira a Roger Bannister, quien rompió la barrera de 4 minutos por milla el 6 de mayo de 1954. Se dice que miles de corredores habían tratado de romper este umbral, sin éxito alguno. Los expertos llegaron a la conclusión de que el cuerpo simplemente no era capaz de soportar esta hazaña, considerándola imposible y muy peligrosa. Verás, Roger Bannister no solo entrenó físicamente para este logro, sino también mentalmente. Había visualizado esta hazaña todos los días, asegurándose de que podría, sin duda, salir victorioso.

Sin embargo, lo más impactante e importante de entender son los efectos de este logro en nosotros como humanos. ¡En menos de un año, muchas personas también lograron superar los 4 minutos por milla! Se produjo un cambio de paradigma y los patrones de pensamiento positivos se apoderaron del camino para lograr lo imposible. Cuando las personas vieron que alguien más era capaz de lograrlo, ¡ellos también lo hicieron!

Lo que esto revela es que somos lo que pensamos, así de simple. Cuando tienes una convicción inquebrantable, enfoque intense y cada célula de tu cuerpo cree en algo sin duda alguna, la magia empezará a manifestarse. Date cuenta de que este enfoque de patrones de pensamiento y encuadre mental abarca mucho más que simplemente romper récords. La Terapia Cognitivo Conductual se esfuerza en abordar un amplio rango de desafíos, como trastornos del estado de ánimo, trastornos de ansiedad, trastornos psicóticos, trastornos alimenticios, abuso de sustancias e incluso la mejora del rendimiento.

Las siguientes páginas de este libro te ayudarán a navegar en el mundo de la Terapia Cognitivo Conductual con tips que puedes poner en práctica para ayudarte a ser la mejor versión de ti mismo. Descubrirás una serie de ejercicios útiles y esclarecedores que tienen un impacto tremendo y positive en tu vida, pero depende de ti tomar acción.

Si estás listo para dar un salto de fe y ver cómo confrontar tus desafíos con la cabeza en alto puede cambiar tu vida, entonces pasa la página ahora mismo y averigua cómo puedes hacerlo. ¡Puedes hacerlo! Buena suerte.

Capítulo 1. ¿Qué es la Terapia Cognitivo Conductual?

Una forma de tratamiento psicoterapéutico, Terapia Cognitivo Conductual o TCC es una técnica de terapia de corto plazo que ayuda a los pacientes a entender tus pensamientos y sentimientos para resolver problemas y mejorar la salud mental.

La TCC considera que los pensamientos son la base de los sentimientos. Lo que piensas impacta directamente tus emociones. Considera que, aunque no podemos cambiar nuestras circunstancias y variables que están fuera de nuestro control, podemos cambiar nuestros pensamientos de forma que nos permitan sacar lo mejor de cada situación. En teoría, considera que situaciones particulares conducen a pensamientos particulares que a su vez conducen a sentimientos particulares. Si estos pensamientos no son agradables, pueden convertirse en trastornos de ansiedad y del estado de ánimo.

Por el hecho de que los sentimientos son difíciles de controlar y alterar, la TCC se enfoca en cambiar los pensamientos que considera la raíz de estos sentimientos, y como su nombre sugiere, la terapia cognitivo conductual es una combinación de terapia cognitiva y terapia conductual. La primera, se enfoca en analizar y trabajar en los pensamientos y la segunda, es un enfoque orientado a la conducta. En palabras más simples, la TCC se trata sobre lo que piensas y haces. Te ayuda a cambiar la forma negativa e incorrecta de pensar para desarrollar un mecanismo de respuesta a los eventos mejor, más efectivo y más claro.

¿Por qué la Terapia Cognitivo Conductual?

La TCC es un tratamiento basado en la investigación, fundado en numerosos estudios y evidencia científica. Ha demostrado ser efectiva al tratar la depresión, ansiedad, trastornos alimenticios y otras condiciones. También puede ayudar a una persona a seguir adelante luego de una pérdida, lidiar con cambios drásticos y aceptar la pérdida.

Como te ayuda a manejar tus sentimientos y conducta al cambiar tus pensamientos, la TCC te permite desarrollar una mejor visión de la vida por su enfoque en los sentimientos y conductas positivas.

¿Cómo funciona?

La TCC puede obtenerse a través de sesiones cara a cara con un terapeuta, pero también en terapias grupales, a través de libros y manuales e incluso online.

No importa cómo te sientas al respecto, para que la terapia cognitivo conductual funcione, debes estar dispuesto a hablar de tus sentimientos. Entonces, si usualmente eres reacio a discutir tus emociones, puede no ser el mejor recurso y deberías buscar soluciones alternativas.

Pero, si hablar sobre tus sentimientos no es un desafío para ti, ¡definitivamente tienes que intentarlo!

Aunque tu terapeuta puede ayudarte a saber con qué deberías estar lidiando, puede ser útil revisar tus problemas por adelantado. Trata de prestar atención activamente a tus pensamientos y toma nota cada vez que te encuentres teniendo pensamientos negativos. Haz una lista de esos pensamientos y trata de escribir un par de oraciones sobre por qué te molestan y qué los desencadena. Por ejemplo, si estás en un café y escupes tu taza de café, puede que pienses algo como "¡soy un torpe! No valgo nada". Los pensamientos negativos se arrastrarán a tu mente de acuerdo al inconveniente que le causaste a la mesera y te estarás culpando por muchas cosas cuando, en realidad, fue solo un accidente que sacaste de proporción. Sin embargo, para la mesera es un inconveniente común y las personas que están en el café seguramente te sonreirán simpáticamente por un momento antes de volver a su trabajo o conversación. Lo que pasó es, la sorpresa de tener que lidiar con algo que no estabas esperando y la vergüenza que sentiste te lleva a tener esos pensamientos negativos de ti mismo.

La sesión de terapia

Tu terapeuta estará haciéndote preguntas relacionadas con tus pensamientos y emociones y tratará de determinar qué te está molestando. Puede ser difícil al comienzo, pero te ayudará a estar más cómodo a medida que avanza la sesión.

Te pedirá que pongas en práctica lo que aprendiste en cada sesión de terapia. Además, no estaría mal que tu terapeuta te sugiera materiales de lectura o te pidiera que lleves un diario para que puedas hacer seguimiento a tus pensamientos, sentimientos y conductas. Un diario es una forma muy efectiva de ayudarte a ver el progreso que haces.

Capítulo 2. El Modelo Cognitivo Conductual

Entender el modelo cognitivo conductual te adentrará más en la TCC. Es una teoría del campo psicológico que detalla el concepto en el que los pensamientos, sentimientos y conductas se relacionan. Si bien es una creencia común que los sentimientos que experimentamos provienen de las situaciones que atravesamos diariamente, va mucho más de eso. El hecho de que diferentes personas se sientan diferente sobre una misma situación lo comprueba. Mientras algunas personas pueden sentirse nerviosas antes de una larga carrera, otras se sienten emocionadas.

El modelo cognitivo conductual establece que no es la situación lo que despierta el sentimiento, sino lo que pensamos sobre la situación. Los pensamientos son los que desencadenan esos sentimientos dependiendo de su naturaleza. Las personas que sufren de depresión y ansiedad tienden a tener un proceso de pensamiento negativo después de ciertas situaciones. Los patrones de pensamiento que tienen, por lo general son distorsionados, pesimistas y muchas veces están sacados de proporción. Las emociones negativas que experimentan luego son un resultado directo de lo que están pensando. Si alguien falla en cierta tarea y se siente inútil, esa emoción es causada por pensamientos como "qué estúpido soy", "no puedo creer que lo haya arruinado así" y "no puedo hacer nada bien". No hace falta decir que estos pensamientos son incorrectos y exagerados porque fallar en una tarea, difícilmente hace que una persona sea estúpida o buena para nada.

La meta de la TCC es enseñarte a reformar los pensamientos que desencadenan los sentimientos negativos que sientes a menudo luego de cierta situación. Como evitar por completo ciertas situaciones puede no ser siempre posible, la TCC te enseña a enfocar tu esfuerzo en algo que puedas controlar directamente: tus propios pensamientos. Este proceso es la parte "cognitiva" de la Terapia Cognitivo Conductual.

El segundo aspecto está relacionado con el impacto que tiene tu conducta en tu estado de ánimo. Te ayuda a incrementar las conductas que te hacen sentir bien y, por lo tanto, tener un impacto positive en tu estado de ánimo, mientras minimizas cualquier conducta asociada a un estado de ánimo negativo. Así como el aspecto cognitivo, el aspecto conductual de la TCC necesita que trabajes en aspectos que puedes controlar, en este caso: tus acciones y conducta.

Hay tres niveles de pensamientos y creencias incluidos en la teoría cognitiva: pensamientos automáticos, suposiciones y creencias básicas.

Los pensamientos automáticos se consideran el primer nivel. Esencialmente son los pensamientos que fluyen constantemente por nuestras mentes sobre nosotros mismos y otras personas. Están dirigidos por las situaciones en las que nos encontramos a lo largo del día y varían con el cambio de esas situaciones. No siempre somos conscientes de ellos, pero aún así sentimos las emociones que producen. Este tipo de pensamientos a menudo toman una dirección negativa, ya que aumentan la importancia de las amenazas y los riesgos y socavan nuestra capacidad para manejar la situación y resolver problemas. A veces son disfuncionales como resultado de una visión distorsionada que tenemos de nosotros mismos, los demás y el mundo. Sin embargo, todavía los tomamos como pensamientos válidos y los aceptamos. Las personas que sufren de depresión o ansiedad pueden experimentar estos pensamientos de manera más aguda. Es posible identificar pensamientos automáticos tóxicos y reemplazarlos por otros más razonables y positivos.

Las suposiciones, también conocidos como creencias intermedias, representan el segundo nivel de pensamientos. Son relativas a nuestras opiniones sobre el mundo. Contrariamente a los pensamientos automáticos, no están vinculadas a situaciones específicas. Estos pensamientos son una generalización que resulta del procesamiento de información de una persona a su alrededor. Los pensamientos de un individuo se ven directamente afectados por estas creencias y estos pensamientos eventualmente tendrán su propio impacto en los comportamientos de la persona. Sin embargo, las suposiciones pueden distorsionarse como los pensamientos automáticos. Por ejemplo, creencias como que tener una cierta apariencia física pueden llevar a la popularidad o usar ropa de diseñador ganará el respeto y la deferencia de una persona a menudo son defectuosas.

El último nivel de pensamientos son las creencias básicas. Estos pensamientos se forman en nuestra infancia y luego se consolidan por nuestra percepción de las cosas a medida que envejecemos. Si bien las personas los generalizan y los consideran absolutos, es posible que no siempre tengan razón. Las personas son más receptivas a lo que refuerza y confirma la existencia de sus creencias básicas, ignorando lo que pueda contradecirlas y esto hace que las creencias básicas sean difíciles de alterar. Las creencias básicas distorsionadas pueden conducir a suposiciones disfuncionales y pensamientos negativos. Las creencias están estrechamente vinculadas a los logros de un individuo y su relación con los demás.

Tanto las suposiciones como las creencias básicas pueden ser desafiados y alterados con el mismo método utilizado para alterar los pensamientos automáticos.

Los tres niveles de pensamientos están relacionados.

El siguiente modelo ilustra cómo:

Creencias básicas → suposiciones → pensamientos automáticos (generados por una situación) → emociones

Lo que esto significa es que las creencias básicas impactan las suposiciones, que a su vez impactan los pensamientos automáticos que surgen con cualquier situación y esos pensamientos, finalmente resultan en emociones.

Hay otro modelo utilizado en este caso llamado modelo ABC.

A significa evento de activación, B para creencias y C para consecuencias (consecuencias emocionales y de comportamiento). Este modelo implica que un evento activador desencadena un proceso de pensamiento y no una emoción. Las emociones en realidad son causadas por ese proceso de pensamiento y esto es más estimulante porque, aunque a veces es imposible alterar eventos y situaciones, está dentro de nuestro poder cambiar nuestros pensamientos y creencias.

Una vez que empieces con la TCC, lo primero que aprenderás es cómo reconocer e identificar pensamientos automáticos disfuncionales.

Una vez que identifiques los pensamientos negativos, podrás desafiarlos y alterarlos, lo que a su vez dará lugar a emociones más positivas. Después de eso, podrás identificar las suposiciones y creencias centrales que han dado forma a estos pensamientos automáticos negativos. Una vez que eso suceda, puedes enfocar tu atención en cambiar esas creencias y suposiciones centrales y, al hacerlo, habrás manejado el problema desde la raíz.

Haciendo efectiva la TCC

Para que la TCC te funcione, debes tener la actitud correcta. Tienes que ser positivo y creer que lograrás un cambio. Tu motivación para hacer una diferencia en tu vida y tu fe en el enfoque de la TCC harán que sea más probable que te beneficies.

Otra cosa que te ayudará con la TCC es tener objetivos claros. La TCC funciona mejor cuando los problemas que tratas son claros, ya sean temores o patrones específicos de pensamiento tóxico. Tener un plan claramente definido con objetivos específicos ayudará a tu progreso y te permitirá hacer un seguimiento de tu crecimiento. Luego puedes hacer los ajustes adecuados si consideras que tu progreso es demasiado lento o si crees que puedes llevar las cosas a un nivel superior.

También debes invertir tiempo y esfuerzo en tu camino. La TCC requerirá que hagas una serie de actividades como leer, escribir en un diario y enfrentar situaciones que te saquen de tu zona de confort. Esta es una gran parte del proceso de TCC y es necesario que veas los cambios.

Aunque es importante que te esfuerces en las actividades que deberás realizar, asegúrate de cuidarte en el proceso. Te debes amabilidad, respeto, honestidad y aceptación. No te juzgues a ti mismo sin importar lo que pase y recuerda que el hecho de que estás tomando medidas para mejorar, eso ya es un logro.

Escribir un diario será una parte muy importante de tu camino. El diario de pensamiento se utilizará para registrar cualquier problema, obstáculo, objetivo y solución. Te ayudará a identificar pensamientos negativos, te dará el poder de abordarlos y te involucrará directamente en el proceso de curación.

Proceso de monitoreo

Es muy importante que hagas un seguimiento de tu progreso al trabajar con TCC. Debes documentar tu estado de ánimo, así como tus actividades y, por supuesto, tus objetivos alcanzados. No se espera que notes el progreso de inmediato, puede tomar una semana más o menos. Sin embargo, puedes realizar los cambios que consideres necesarios para ayudarte en tu viaje. Por ejemplo, puedes revisar tus objetivos en caso de que pienses que son demasiado insignificantes o irrazonables. Tienes que saber que es ideal ir a un ritmo que ayude a tu proceso de crecimiento y curación. Se espera que trabajes en actividades de activación del comportamiento que te empujen, pero que puedas lograr. También es importante que estés interesado en dichas actividades. Asegúrate de que cualquier obstáculo que hayas documentado se aborde de una manera que no disminuya tu avance. Aunque es importante desafiarte a ti mismo, recuerda que se supone que la TCC te ayuda a sanar sin problemas. No se supone que te haga sentir incómodo ni empeore tus síntomas de ansiedad de ninguna manera. Sé especialmente consciente de esto si no estás trabajando con un profesional. Si algo te causa molestias, detén la actividad.

También es posible que debas detener la TCC autodirigida y buscar ayuda de un terapeuta.

Capítulo 3. Acercarse a la TCC Paso a Paso

PASO 1: IDENTIFICAR EL PROBLEMA

Como la mayoría de los aspectos de la vida, identificar el problema es el primer paso que debes tomar cuando trabajes con el enfoque de TCC. Puede ser un comportamiento, un sentimiento o un pensamiento desencadenante. Independientemente de lo que sea, te molesta y debe ser abordado.

En las siguientes páginas, abordaremos dos tipos de pensamientos perturbadores: pensamientos automáticos y pensamientos intrusivos. Estas dos categorías de pensamientos son muy comunes y a menudo son síntomas de trastornos mentales como el trastorno de estrés postraumático, el trastorno obsesivo compulsivo y la depresión. Por lo tanto, es imprescindible que aprendas más sobre ellos y aprendas a reconocerlos.

¿Qué son los pensamientos automáticos?

Los pensamientos automáticos son los pensamientos que se nos ocurren sin esfuerzo durante o después de cualquier situación dada como respuesta instintiva. Son rápidos de formar y generalmente son cortos. No requieren ningún proceso de razonamiento lógico ni ningún tipo de reflexión profunda. Sin embargo, los aceptamos como pensamientos razonables. Aunque algunos pensamientos automáticos son realmente razonables, otros no lo son y se conocen como "pensamientos automáticos disfuncionales".

Los pensamientos automáticos son una variable muy importante en el proceso de TCC, por eso es muy importante desarrollar la capacidad de identificarlos. Para obtener esta habilidad, debes ser más consciente de tus pensamientos. Es importante prestar especial atención porque la rapidez y la brevedad que caracteriza a los pensamientos automáticos hace que sea más fácil que se nos escapen. Sin embargo, dejan su rastro en forma de emociones negativas resultantes. Cada vez que sientas una emoción perturbadora, trata de recordar qué pensamiento la causó. Los pensamientos que causan un cambio rápido de humor en ti, a menudo están relacionados con las creencias básicas y debes asegurarte de tomar nota de ellos. Por ejemplo, puede que salgas con amigos y notes que alguien con un traje sale de un auto lujoso y piensas: "Nunca podré pagar un auto como ese" o "Ese hombre tiene mucho más éxito que yo". Pensamientos como esos son pensamientos automáticos disfuncionales.

Después de identificar una situación que desencadena emociones perturbadoras, hay algunas preguntas que debes hacerte para identificar qué pensamientos y creencias están detrás de los sentimientos negativos de los que quieres deshacerte.

1. ¿Qué estaba haciendo antes de sentirme así?
2. ¿Dónde estaba cuando ocurrieron esos sentimientos? ¿Hay lugares donde no ocurren?
3. ¿Cómo me estaba comportando justo antes de sentir eso?
4. ¿En qué estaba pensando antes de sentirme de esa manera?
5. ¿Esos pensamientos se intensifican con alguna de mis creencias?
6. ¿Con quién estaba cuando experimenté esos sentimientos?

7. ¿Esos sentimientos ocurren con todo el mundo?

Como mencionamos anteriormente, los pensamientos automáticos pueden ser difíciles de rastrear debido a lo rápido que ocurren y cambian en el lapso de unos pocos segundos. Una vez que aprendas a ser consciente de esos pensamientos, puedes tratarlos de muchas maneras diferentes. Si logras identificar un pensamiento en particular y sientes que es el que provoca las emociones negativas, concéntrate en él. Y a medida que prestas más atención y sientes que otro pensamiento causa esas mismas emociones con mayor intensidad, en su lugar, redirige tus esfuerzos. Del mismo modo, si crees que el problema causado por esos pensamientos es secundario a otros problemas, reorganiza tus prioridades y aborda los pensamientos que crees que son más críticos y tienen un impacto peor en tu estado de ánimo.

Los pensamientos disfuncionales son causados por distorsiones cognitivas, esas son "trampas de pensamiento" que en realidad son errores que cometemos durante el proceso de pensamiento. Las distorsiones cognitivas se clasifican en diferentes categorías y puede ser muy útil saber en qué categoría entran tus pensamientos automáticos disfuncionales para tratarlos adecuadamente.

Catastrofizar

Pensando en el peor de los casos como el resultado final de una determinada situación. Por ejemplo, "Si llego tarde al trabajo, me despedirán sin una recomendación y nunca encontraré otro trabajo".

Todo o nada

Tener una visión extrema de la vida. Es todo bueno o todo malo, y es poco probable que ocurra algo intermedio. "Si no obtengo una A en una prueba, soy un fracaso".

Personalización

Asumir que cualquier comportamiento negativo, palabras negativas de otros o incluso un resultado negativo de una situación es tu culpa o es causada por ti, cuando en realidad no está relacionado contigo de ninguna manera.

Sobregeneralización

Proyectar el resultado negativo de una situación en todas las situaciones de la misma naturaleza.

Etiquetar

Poner etiquetas negativas en nosotros mismos u otros. Por ejemplo, etiquetándote a ti mismo como un fracaso debido a una deficiencia en lugar de trabajar en ello y mejorarlo.

Magnificación / Minimización

Menospreciar tus logros y fortalezas y sacar de proporción tus. En otras palabras, centrarte en lo negativo e ignorar lo positivo.

Razonamiento emocional

Permitir que tus sentimientos sobre una determinada situación dicten tu percepción de dicha situación. Por ejemplo, "Siento que he arruinado las cosas sin remedio, así que mi vida debe estar arruinada".

Descuentos positivos

Descartar cualquier experiencia positiva que contradiga nuestras creencias negativas. Por ejemplo, acreditar tu éxito a una coincidencia afortunada o descartar cualquier cumplido que recibes de los demás como un esfuerzo por ser cortés de su parte.

Sesgo de negatividad

Centrarte en los aspectos negativos de una situación y enfatizándolos y terminar viendo la situación bajo una luz completamente negativa, incluso si hubiera tenido algún aspecto positivo.

Declaraciones tengo que/debo:

Esto se refiere a imponer expectativas poco realistas sobre ti mismo. Cosas que crees que debes o tienes que hacer y que te hacen sentir culpable o frustrado en caso de que no se cumplan. Marcar las tareas que quieres realizar como absolutas y no dejar espacio para el fracaso o cualquier tipo de flexibilidad puede hacer que las cosas sean aún más difíciles, ya que se convierten en tareas que no quieres hacer o que no te alegran.

Sacar conclusiones

La tendencia a predecir el peor resultado posible sin ninguna indicación o evidencia. Por ejemplo, predecir que un evento futuro tendrá un resultado negativo y actuar como si lo peor ya hubiera sucedido. Otro ejemplo de sacar a conclusiones es pensar que otras personas te han percibido de manera negativa sin preguntarles en persona qué piensan de ti.

Este tipo de pensamientos automáticos disfuncionales pueden ser muy problemáticos, aunque muy comunes. Si crees que estás luchando con este tipo de pensamientos, asegúrate de tratar con ellos como parte de tu proceso de curación de TCC.

Definir los Pensamientos Intrusivos

Al igual que los pensamientos automáticos, los pensamientos intrusivos son muy comunes. Como sugiere su denominación, estos pensamientos también son muy molestos. Pueden ser sombríos, malos y aterradores y hacernos sentir incómodos o asqueados. La gente a menudo dice que estos pensamientos no son compatibles con quienes son como persona. Sin embargo, estos pensamientos aún se nos ocurren involuntariamente y pueden ser muy difíciles de controlar o descartar.

Los pensamientos intrusivos no solo son angustiantes, sino que pueden interrumpir nuestro proceso de pensamiento y actividades y desequilibrar nuestra productividad. Se sabe que estos pensamientos son síntomas de trastorno de ansiedad, trastorno obsesivo compulsivo o trastorno de estrés postraumático, pero es posible que ocurran independientemente de otras dolencias mentales.

Hay muchos tipos de pensamientos intrusivos, tales como intrusiones obsesivas, intrusiones de preocupación e intrusiones relacionadas con el trauma. Cada uno de estos tipos puede abordarse con TCC.

Ejemplos de pensamientos intrusivos

- **Intrusiones preocupantes** – preocupación excesiva sobre contraer una enfermedad y morir

- **Intrusiones relacionadas con el trauma** – Recopilaciones al azar de eventos traumáticos o vergonzosos de tu infancia

- **Intrusiones obsesivas** – El miedo de perder la fe en tu religión o de practicarla mal
- **Intrusiones obsesivas** – pensamientos sexuales no deseados que involucran a un compañero de trabajo, un familiar, niño o incluso un animal
- **Intrusiones preocupantes** – Duda intensa e inseguridad relacionadas con tu desempeño o un examen para el que te has preparado
- **Intrusiones relacionadas con el trauma** – Repetidas recopilaciones de un evento violento o agobiante que experimentaste de adulto.
- **Intrusiones obsesivas** – Pensamientos de cometer actos criminales o violentos como herir a un ser querido o matarlo.
- **Intrusiones obsesivas** – El miedo de perder el control de lo que dices en público

Por supuesto, estos son solo algunos ejemplos de pensamientos intrusivos. Muchas personas pueden experimentar pensamientos similares y te tranquilizará saber que si los estas experimentando, no eres el único. Los pensamientos intrusivos son más comunes de lo que piensas, no son algo con lo que solamente tú tienes que lidiar y ciertamente, no son una falla personal tuya.

Todo el mundo experimenta pensamientos intrusivos. Los niveles de intensidad varían, pero estudios en distintos países han demostrado que todo el mundo los tiene. La diferencia no solamente se encuentra en los grados de intensidad, sino también en cómo los individuos lidian de forma diferente con los pensamientos intrusivos. Las personas que no se preocupan tanto por ellos son principalmente más hábiles para descartar estos pensamientos inquietantes y a menudo molestos y verlos como sin sentido e insignificantes en comparación con otros que otorgan un gran nivel de importancia a estos pensamientos y logran convencerse de que son manifestaciones de su propio carácter y naturaleza.

Es importante que tengas en cuenta que el hecho de que tengas pensamientos intrusivos no significa que quieras actuar en consecuencia o que lo harás en cualquier momento. No tienen nada que ver con lo bueno o malo que eres y no son indicativos de ningún resultado futuro para ti.

Asegúrate de incluir pensamientos intrusivos en la descripción de tu problema. Verás cómo la TCC te ayudará a lidiar con estos pensamientos en el paso 4.

Definir el problema

Tienes que hacer una lista de todos los problemas y conflictos que crees que deberías abordar con el enfoque de la TCC.

Anota los problemas más importantes y escribe su frecuencia y nivel de intensidad. Asegúrate de incluir algunas líneas que describan cómo estos problemas impactan tu vida.

Por ejemplo, si experimentas la sensación de no valer nada, anota cuántos días a la semana te sientes así. Intenta describir el sentimiento detalladamente: frustración, ira, tristeza, desesperanza, etc. Asegúrate de incluir cuán severo es. ¿es molesto? ¿O más bien agobiante? ¿Te impide hacer tus tareas diarias?

Los problemas también incluyen síntomas de estrés como insomnio, pérdida del apetito o comer en exceso, así que asegúrate de tomar nota de todos los problemas similares para trabajar en resolverlos.

PASO 2: ESTABLECER METAS

Como has identificado y descrito los problemas, ahora puedes avanzar al siguiente paso, que es establecer tus metas.

Tienes que establecer metas claras que esperas alcanzar con la TCC. Tienen que ser específicas, cuantificables y, lo más importante, alcanzables. Dales prioridad a las metas que consideras más importantes y son en las que deberías trabajar primero. Cualquier meta que establezcas tiene que significar algo para ti y tener cierto nivel de importancia. Si alguna de las metas que estableciste no se siente importante, cámbiala o mejórala para que tengas la motivación de trabajar en ella luego. Asegúrate de que la meta que estableciste no es vaga o genérica como "Sentir menos ansiedad" y en su lugar, "Meditar por 10 minutos, 5 días cada semana", "Hablar tres veces con las personas", o "Escuchar música relajante mientras camino/voy al trabajo".

También es importante que estas metas puedan ser medidas para que puedas observar los cambios que ocurren y hagas seguimiento de tu progreso. Esto te mantendrá motivado e informado de si tus metas son o no realistas, muy difíciles o muy fáciles.

Y, por último, asegúrate de que tus metas son realistas y razonables. No establezcas metas que requieran un esfuerzo monumental desde el inicio. Por ejemplo, si tomamos el mismo ejemplo de ansiedad social anterior, mira cómo sugerimos metas que son razonables y transitorias. No intentes algo como hacer una gran fiesta o hablar en público des el inicio. Se trata de empezar lento y aumentar tus esfuerzos gradualmente. Establecer metas irreales puede causar un bajón en la moral en caso de que falles e incluso puede tener repercusiones traumáticas que te harán empeorar. Si quieres establecer metas ambiciosas, asegúrate de establecerlas a largo plazo y que tengas metas a corto y mediano plazo que te ayudarán a lograrlas. Sólo tómate el tiempo que necesites y trabaja a tu propio ritmo.

Cuando hayas anotado tus metas, debes describir los pasos que usarás para lograrlas. Siempre con el mismo ejemplo de ansiedad social, aquí hay algunos pasos que pueden conducir a los resultados deseados:

- Meditar tres veces esta semana.
- Aprender tres maneras de controlar los síntomas físicos de la ansiedad social este mes.
- Volver a hablar con personas que conozco este mes.

Cuando anotes tus metas, asegúrate de ser muy específico e incluir el límite de tiempo estimado.

PASO 3: IDENTIFICAR OBSTÁCULOS

Identificar el problema y plantear metas no es todo lo que conlleva la TCC. También supone que identifiques cualquier obstáculo que pueda ponerse en el camino de tu proceso de sanación e impida tu progreso.

Hay muchos obstáculos que puedes encontrar. Por ejemplo, la falta de una red de apoyo. La familia y los amigos pueden ser muy útiles cuando estás pasando por cualquier proceso terapéutico y la TCC no es la excepción. Cuando las personas no están disponibles o dispuestas a ofrecer su apoyo, puede ser un desafío tenerlas cerca. No solo eso, a veces las personas a nuestro alrededor se comportan de cierta manera que no beneficia los cambios que estamos tratando de hacer en nuestras vidas, ese es otro desafío. Las financias y la falta de fondos también puede ser un desafío en el que tendrás que trabajar, al igual que cualquier otra circunstancia, como el mal clima o el tráfico pesado que pueden impedirte asistir a eventos. Un horario apretado y falta de tiempo son otros obstáculos con los que tendrás que ponerte creativo. Hay otros obstáculos que son menos evidentes como bajones de motivación, una racha perfeccionista o baja autoestima pueden impedir que logres tus metas y pueden tener como consecuencia que quieras rendirte.

Los obstáculos y desafíos están presentes en cualquier esfuerzo. Son cosas con las que tenemos que lidiar sin importar lo que estemos haciendo. De hecho, hacen las cosas más interesantes y, de cierta forma, más divertidas. Es importante que no permitas que el prospecto de enfrentar se entrometa en tu camino de la TCC para intimidarte. Tómate tu tiempo y avanza en tu camino. El comienzo es la parte más difícil y a medida que te acostumbras al proceso, se volverá más fácil. Todo lo que tienes que hacer es continuar.

Tomarte tiempo para que tu mente se deshaga de los pensamientos negativos y adopte una actitud más positive es muy importante y te ayudará. No seas tan duro contigo mismo y recuerda que los errores son oportunidades para aprender y mejorar. Felicítate y recompénsate por cada victoria y cada meta alcanzada.

Haz una lista de los obstáculos que creías que necesitabas superar y debajo de cada ítem, escribe cualquier cosa que pueda potencialmente ayudarte a superar esos obstáculos o incluso evitarlos. Estas serán tus estrategias para lidiar con esos obstáculos.

PASO 4: CONFRONTAR LOS PENSAMIENTOS AUTOMÁTICOS E INTRUSIVOS

Identificar los pensamientos automáticos e intrusivos (Paso 1) es un prerrequisito para este paso. Ahora que tienes un mayor conocimiento de los pensamientos disfuncionales que te están causando problemas, es tiempo de hacer algo al respecto. Esto es lo que aprenderás en el paso 4.

Cómo combatir los pensamientos automáticos disfuncionales

La meta final es desafiar las creencias básicas y eso ocurre mediante un proceso gradual que empieza con desafiar los pensamientos automáticos.

Los pensamientos automáticos son los que están directamente detrás de que cualquier sensación de ansiedad y miedo extremo. Pueden ser irreales y exagerados pero las personas que tienen que lidiar con estos pensamientos no pueden simplemente detenerlos con pura fuerza de voluntad. Es importante recordar que hemos formado fuertes patrones de pensamiento a través de años de pensamientos distorsionados y cambiarlos tomará tiempo, esfuerzo, determinación, y, lo más importante, paciencia.

Un diario de pensamientos será una acción necesaria cuando empieces este proceso de desafiar tus pensamientos negativos. Escribirás las cosas que juegan el papel más importante: la situación, las emociones y los pensamientos. Se supone que hagas esto cada vez que registres algo. Como una situación específica es la que conduce a una emoción negativa, empezarás escribiéndola. Concéntrate en las situaciones que conducen a las respuestas emocionales más intensas y describe el contexto y la naturaleza de la situación. Principalmente, quieres incluir lo que ocurrió, cuándo, dónde y con quién estabas cuando la experimentaste. Luego, anota cuáles emociones sentiste y describe cuán intensamente las sentiste. Por ejemplo, una "ligera sensación de preocupación" o "un miedo intenso". Por último, escribe los pensamientos automáticos que tuviste en esa situación particular. Trata de recordar tantos de esos pensamientos como sea posible e intenta identificar el pensamiento específico que desencadenó la respuesta emocional negativa que experimentaste. Para facilitar este proceso, intenta hacerte preguntas como "¿Qué es lo peor que me imaginaba en ese momento" "¿Qué representa?" y "¿Cuáles miedos o angustias desencadenó?". Adicionalmente, puedes incluir la intensidad de tu creencia en esos pensamientos automáticos. Repite este ejercicio dos o tres veces todos los días.

Luego de identificar el pensamiento automático que te causa incomodidad o angustia, puedes desafiarlo siguiendo dos pasos esenciales:

Primero, debes hacer una lista de evidencia (o argumentos) por y contra el pensamiento en cuestión. Esta lista te ayudará a entender por qué estás teniendo ese pensamiento y por qué ese pensamiento puede ser irreal y no tener fundamentos. Hazte preguntas como "¿Cómo vería esto otra persona?", "¿Por qué pienso así?", "¿Por qué esto podría no ser cierto?", "¿Qué pensaría si un ser querido tuviera el mismo pensamiento sobre sí mismo?"

La lista que harás tiene que estar basada en hechos y razonamiento objetivo. Intenta poner tus propias creencias, opiniones y sentimientos de lado porque pueden engañarte.

Por ejemplo, puede que te preocupe expresar una opinión diferente cuando estás debatiendo un tema con un amigo. Quizás pienses que se ofendió o se sintió herido y empezará a evitarte. Sin embargo, cuando tomes un momento para pensarlo de forma racional y cuando empieces a recolectar evidencia, podrás recordar el hecho de que tú y tu amigo tomaron rumbos distintos en términos amigables y que incluso te invitó a salir en unos días. También será útil que recuerdes que has conocido a esta persona por un largo tiempo y que ya habías tenido desacuerdos con él. También debes saber que estar en desacuerdo con otras personas no es algo malo. Este proceso eventualmente te llevará a la conclusión de que los pensamientos negativos que tenías, se originaron a partir de un miedo profundo de quedarte solo o de perder a tus seres queridos. Esas emociones que sentiste no suelen estar relacionadas con la diferencia de opiniones que experimentaste en esa situación.

Esta separación de pensamientos puede hacerse más evidente si la miras desde el punto de vista de tus creencias ya existentes. La religión, por ejemplo. Muchas religiones te enseñan a dejar ir la ira, a perdonas, a dar de vuelta y muchas otras conductas virtuosas. Si eres religioso, no dudes en reemplazar los pensamientos automáticos negativos con los conceptos que son parte de tu fe. Por ejemplo, hay religiones que tienen la urgencia de que te arrepientas y aprendas de tus errores para ser una mejor persona. Eso significa que, según tus creencias, se supone que debes cometer errores y que deberías usarlos como oportunidades de aprendizaje. Siempre hay segundas oportunidades para que repares tus errores.

Luego de que logres concebir un pensamiento alternativo, asegúrate de evaluarlo. ¿Es creíble? Si la respuesta es no, tendrás que descartarlo y pensar en algo mejor, otro pensamiento razonable que esté basado en la evidencia que recolectaste en el primer paso. La clave para creerlo es que sea realista. Luego, una vez que hayas logrado obtener el nivel correcto de credibilidad, examina la emoción que resulta de este nuevo pensamiento. Está bien si aún hay alguna negatividad mientras logres manejarla hasta disminuir significativamente su intensidad.

Aunque llevar un diario es una parte muy útil y necesaria de la TCC, puede hacer que te sientas un poco mal. Si sigues sintiendo lo mismo luego de una sesión de descripción de tus pensamientos y pensar en alternativas, puedes intentar investigar la razón.

Por ejemplo, puede ser que te estés enfocando en la situación incorrecta. Los fuertes sentimientos negativos que experimentaste pueden no haber sido causados por la situación y los pensamientos en los que estabas trabajando mientras llevabas tu diario porque no cambió tu estado emocional. Echa un segundo vistazo a las emociones y pensamientos que habías anotado antes y mira si hay algún pensamiento que desencadena las emociones perturbadoras con mayor intensidad. Si hay un pensamiento así, vuelve a hacer el proceso de llevar el diario con él.

Otra razón por la que quizás aún te sientes mal puede ser tus pensamientos alternativos. Los pensamientos que se te ocurrieron para reemplazar los viejos distorsionados pueden no encajar en la situación o no ser tan creíbles, por lo tanto, tu mente los rechaza si los ve así. Reevalúa ese pensamiento y trata de agregar más evidencia que lo respalde para hacerlo más sensible. Si incluso eso no funciona, abandona ese pensamiento particular y trata de concebir un Nuevo pensamiento alternativo que encaje mejor.

Ahora, si nada parece estar mal con la situación y el pensamiento, quizás solo sea cuestión de tiempo. Sé paciente y date tiempo para ajustarte al proceso de llevar un diario y luego de algunas sesiones, puede funcionar mejor y conducirte a los resultados deseados.

Si todas las soluciones mencionadas anteriormente no hacen una diferencia, entonces quizás sea tiempo de abordar la raíz del problema. Si tu mente está teniendo problemas para separarse de un pensamiento automático distorsionado, probablemente sea porque está estrechamente relacionado con una suposición disfuncional o creencia básica, lo que requiere que abordes tu proceso de pensamiento a esos dos niveles para hacer un cambio. Aprenderás Más sobre eso en el siguiente paso.

Recapitulación: Llevar un diario de pensamientos

1. Identifica la situación específica que desencadenó las emociones negativas y agrega una descripción detallada de ella.

2. Haz una lista de emociones que experimentaste e incluye el nivel de intensidad con el que las sentiste.

3. Anota los pensamientos automáticos que pasaban por tu cabeza en el momento que sentiste las emociones negativas y asegúrate de escribir qué tan fuerte tu creencia en esos pensamientos

4. Investiga los pensamientos y trata de identificar cualquier distorsión cognitiva en ellos.

5. Escribe evidencia de y contra los pensamientos más negativos.

6. Piensa en algo alternativo, realista y basado en evidencia para reemplazar los pensamientos automáticos distorsionados y evaluar su credibilidad. Si no tiene la suficiente credibilidad, concéntrate en un nuevo pensamiento alternativo.

7. Reevalúa las emociones que sentiste inicialmente y califica su intensidad luego del proceso de llevar un diario de pensamientos. Escríbelo en tu diario de pensamientos.

8. Intenta las estrategias mencionadas anteriormente si sientes que no ha habido cambio luego de un par de días llevando el diario.

Capítulo 4. Cómo Manejar los Pensamientos Intrusivos

Ahora que hemos estudiado los pensamientos automáticos y cómo puedes lidiar con ellos, es tiempo de continuar con los pensamientos intrusivos y manejarlos adecuadamente.

Lo que hace a los pensamientos intrusivos diferentes de los pensamientos automáticos, es el hecho de que ellos no provienen de las suposiciones o de las creencias básicas, de hecho, no tienen un origen claro. Los pensamientos intrusivos son tan al azar como no deseados. Esto significa que también hay que lidiar con ellos de otra forma. Como lo mencionamos anteriormente, los pensamientos intrusivos no tienen nada qué ver con tus puntos de vista, principios o creencias, afortunadamente. La TCC puede ayudarte a manejar estos pensamientos intrusivos, así como las emociones negativas y la ansiedad que estos desencadenan.

Diálogo interno positivo.

Esta es una manera increíble de calmar tus miedos respecto a tus pensamientos intrusivos y limitar su impacto en tu estado emocional. Tómate un momento para recordar que estos pensamientos no tienen nada qué ver contigo como persona. No reflejan tus valores morales ni quién eres como persona. Son solo pensamientos al azar y aunque son perturbadores, no tienen ningún significado. Recuérdate a ti mismo que, aunque no puedes controlar tus pensamientos, tienes control absoluto sobre tus acciones y no tienes ninguna intención de actuar de acuerdo a estos pensamientos, eliminando cualquier otro significado que puedan tener. El hecho de que los encuentres tan perturbadores te dice todo lo que necesitas saber acerca de tu postura respecto a estos pensamientos.

Tómate un momento y piensa en cómo reaccionarías si supieras que un ser querido está luchando con estos pensamientos. Definitivamente lo tranquilizarías y le dirías que esos pensamientos no reflejan quién es como persona, que no significan nada y que esa persona es buena y amable. Quizás también dirías que muchas personas lidian con los pensamientos intrusivos y que son más comunes de lo que piensa. También le harías saber que lo entiendes y que te identificas con esa persona y le dirías que no le de importancia alguna a esos pensamientos y que los descarte. Ahora, con la misma amabilidad, empatía y compasión, repítete eso a ti mismo.

Aceptar y Avanzar

Para disminuir el poder que tienen en ti los pensamientos intrusivos, primero debes aceptarlos. Cuando estés tranquilo con el hecho de que los pensamientos intrusivos simplemente aparecen y que realmente no puedes controlarlos, explicarlos o eliminarlos por complete, se vuelven menos agobiantes. Simplemente trata de verlos como una falla en tu proceso de pensamiento y entiende que no debes tomarlos en serio.

El Arte de la Distracción

Distraerte de los pensamientos intrusivos también puede ser una estrategia eficiente. Esto no significa que vas a pretender que no están ahí, sino que escoges ocupar tu tiempo con cosas aparte de concentrarte en estos pensamientos y ahí está tu poder. Ocupa tus pensamientos con algo que disfrutes. Podrías, por ejemplo, tratar de hacer una actividad creativa como el bricolaje o tocar un instrumento musical. Quizás también podrías intentar ir de excursión y disfrutar de la naturaleza mientras lo haces. Puedes incluso dedicar algo de tiempo a leer o ver videos tranquilizantes en YouTube para que tu mente descanse de los pensamientos agobiantes.

Exposición y prevención de respuesta:

También conocido por las siglas EPR. Es una forma muy eficiente de combatir los pensamientos intrusivos. La EPR es un concepto en el que el cerebro del ser humano descarta las cosas que comúnmente encuentra y las ve como cosas sin sentido y sin importancia.

Puedes usar este enfoque pensando intencional y voluntariamente en los pensamientos similares a los molestos pensamientos intrusivos que tienes usualmente. Comienza identificando el pensamiento intrusivo, quizás a veces tienes la necesidad de golpear a personas al azar en la calle. Luego, imagínate haciéndolo. Imagina acercarte a un extraño y golpearlo en la cara. Imagínate haciendo esto unas 10 veces al día y cada vez que lo haces, ten en cuenta que realmente no quieres cometer este acto de violencia. Luego de un rato, tu cerebro clasificará este tipo de pensamientos como insignificantes e indignos de cualquier respuesta emocional y finalmente lo ignorará todo.

Recuerda que la meta es resolver problemas, no crear unos nuevos. La EPR no está diseñada para hacerte sentir abrumado o estresado y aunque al principio sería normal sentir algo de incomodidad, si no cede, haz una cita para discutir estos pensamientos con un terapeuta y/o simplemente abandona este enfoque.

Espiritualidad:

Las prácticas espirituales y religiosas han abordado los pensamientos intrusivos y aunque puedes no ser un creyente practicante de la religión, aun así, puedes sentir el beneficio de sus ideas.

En el islam, por ejemplo, los pensamientos intrusivos son vistos como susurros del demonio. Estos susurros tienen la intención de engañar al ser humano, que es Bueno por naturaleza y guiarlo para dudar de sus intenciones. Sin embargo, saber que estos pensamientos no son tuyos, permite que los descartes e incluso te sientas orgulloso del hecho de que resististe la tentación del demonio. Para empezar, estos no son tus pensamientos, ¡así que no hay necesidad de sentirte mal por ellos!

Medicación:

Aunque es mejor dejar los medicamentos como último recurso, estos pueden ayudar a reducir la frecuencia de los pensamientos intrusivos y apaciguar su impacto en tu salud mental. Si todo lo demás falla, habla con tu terapeuta y discutan la posibilidad de usar medicamentos. Asegúrate de entender los efectos que tendrán en tu vida y toma tiempo para medir los pros y los contras antes de hacer tu decisión final.

No importa lo que hagas, ten en cuenta que evitar lidiar con los pensamientos intrusivos o tratar de controlarlos forzando a tu cerebro a dejar de tener estos pensamientos puede empeorar la situación. En su lugar, enfrenta los problemas con la cabeza en alto. Acepta la presencia de estos pensamientos y comienza a aplicar las diferentes soluciones mencionadas anteriormente.

PASO 5: IDENTIFICAR SUPOSICIONES Y CREENCIAS BÁSICAS

Anteriormente establecimos que las suposiciones erradas y las creencias básicas son la raíz de los pensamientos automáticos disfuncionales. Luego de aplicar lo que aprendiste en los últimos capítulos sobre identificar y desafiar los pensamientos automáticos, es hora de enfocarnos en el siguiente nivel de la Jerarquía de los Pensamientos.

Reconocer Suposiciones Disfuncionales

Las suposiciones junto con las reglas y actitudes condicionales forman lo que se conoce como creencias intermedias. Provienen de las creencias básicas y tienen un gran impacto en los pensamientos automáticos. Están mayormente relacionadas a logros, control y aceptación. Son más que todo las cosas que crees que deberías lograr y cómo crees que debes ser para que te acepten. Pensamientos como "Si fuera más guapo sería más popular", "Debo graduarme como el mejor de mi clase para asegurarme de tener un buen trabajo" o "si tengo dinero, todos mis problemas se resolverán" son ejemplos básicos de creencias intermedias. Como sugieren esos ejemplos, este conjunto de creencias pueden venir en forma de estándares irreales que te presionan demasiado y que muchas veces son imposibles de alcanzar.

Para identificar tus suposiciones, revisa tu lista de pensamientos automáticos. Si notas un patrón, si esos pensamientos pueden agruparse bajo un mismo tema, esa puede ser la suposición que está debajo de ellos. Una suposición también puede estar en forma de si-entonces o afirmaciones con la palabra debería, así que alguno de los pensamientos automáticos que identificaste es como una de esas afirmaciones, pueden estar indicando suposiciones disfuncionales. Otra forma de tratarlo es intentar y deducir tus suposiciones de las emocionas con las que estás luchando. Por ejemplo, si estás molesto porque fallaste un examen, tus suposiciones pueden ser algo como "Si no paso esta clase, seré un fracaso en la escuela" o "Si no obtengo puras As, no me graduaré" y esas son el tipo de suposiciones que te causan ansiedad por el examen en el que saliste bien.

Cómo identificar creencias básicas disfuncionales

Este nivel del pensamiento engloba las suposiciones y los pensamientos automáticos. Es un conjunto de creencias absolutas que son incluso menos flexibles que las creencias intermedias, suelen ser básicas y generalizadas y relacionadas a lo que crees de ti mismo, de otras personas y del mundo como un todo. Como dijimos anteriormente, son más profundas que las suposiciones y se extienden a todos los aspectos de la vida. Las creencias básicas no son desencadenadas por eventos y situaciones. Influencian nuestra percepción y nuestro entendimiento de lo que percibimos, lo que quiere decir que también influencian nuestras suposiciones, pensamientos y eventualmente, las emociones que resultan de ellos. Al igual que las suposiciones y los pensamientos automáticos, las creencias básicas pueden ser disfuncionales o distorsionadas.

Las creencias básicas se forman en la infancia y son reforzadas a medida que crecemos y pasamos por experiencias de la vida, como eventos traumáticos, vivir en un lugar con inestabilidad política o perder a un ser querido, por ejemplo. Como seres humanos, somos más propensos a aferrarnos a nuestras creencias básicas, aceptando cualquier evidencia que las valide y confirme y descartando evidencia que las contradiga. Aunque han estado fuertemente arraigadas en nuestra mente por años, es importante recordar que las creencias básicas no son hechos. Son solo ideas que pueden o no ser ciertas sin importar cuán aferrados estemos a ellas.

Ejemplos de Creencias Básicas Disfuncionales Ampliamente Experimentadas

- Soy inútil
- Soy flojo
- Soy débil
- Soy infeliz
- Nunca seré exitoso
- El dinero hace la felicidad
- No queda nada bueno en el mundo
- Nada tiene sentido

Como las creencias básicas están en el nivel más profundo del pensamiento, sería una buena idea empezar identificando tus pensamientos y suposiciones automáticas para identificarlos. También puedes intentar conocerte mejor a ti mismo y practicar la introspección para identificarlos directamente, pero ese puede ser un proceso doloroso.

Si escoges hacer introspección primero, revisa la lista que has hecho de estos pensamientos y empieza buscando un tema en común, una sola idea que los enlace. Por ejemplo, si has notado suposiciones como "Si gano mucho dinero, seré feliz" o "seré feliz si tengo un buen trabajo" la creencia en común podría ser "soy infeliz" o "el dinero hace la felicidad".

Las creencias básicas también pueden ser cosas que creías muy evidentes como para decirlas o cuestionarlas. Entonces, piensa en ideas que crees que son muy obvias y anótalas.

También puedes hacerte algunas preguntas relacionas a tu percepción como "¿Cómo me veo a mi mismo?" o "¿Cuál es mi percepción de la gente?" y otras preguntas que te ayudarán a ver mejor el problema: "¿Merezco amor?", "¿Soy una buena persona?", "¿Tengo el poder de recuperar?".

Otra cosa que puedes hacer es usar la técnica de la fleche hacia abajo que usan los terapeutas. Empieza con un pensamiento automático que te moleste y pregúntate "¿qué significa esto?" una y otra vez para cada respuesta que se te ocurra hasta que termines con la creencia básica que está debajo de ese pensamiento automático.

Por ejemplo, puede causarte ansiedad hablar con tu nuevo jefe.

- ¿Qué significa esto? → Hablar con una persona nueva me causa ansiedad
- ¿Qué significa esto? → Tengo miedo de que me juzguen.
- ¿Qué significa esto? → Tengo miedo de decir algo ofensivo o vergonzoso.
- ¿Qué significa esto? → Soy incapaz de lograr una comunicación básica.
- ¿Qué significa esto? → Soy inútil.

Con este enfoque descendente, has alcanzado la creencia básica de "soy inútil".

Identificar las creencias básicas es una parte de la solución, la otra parte es desafiarlos y reemplazarlos con creencias nuevas, positivas y justas.

Capítulo 5. Desafiando las suposiciones y creencias disfuncionales

Ya hemos dicho que las creencias básicas están firmemente establecidas en nuestras mentes, a veces parecen ser tan naturales y razonables que ni siquiera somos conscientes de que están allí hasta que comenzamos el proceso de identificación. Esto las hace más difíciles de desafiar que los pensamientos automáticos y el proceso de abordarlas lleva más tiempo. Sin embargo, dado que las creencias centrales son de donde se originan los pensamientos automáticos, debes asegurarte de abordarlas o de lo contrario causarán que se formen otros nuevos pensamientos automáticos distorsionados y todos tus esfuerzos en los anteriores habrán sido en vano.

Para desafiar las creencias centrales, utilizarás el mismo concepto de diario de pensamiento que antes. Enumera los supuestos y las creencias fundamentales que los métodos mencionados anteriormente te permiten identificar y escribe evidencia a favor y en contra de las creencias o suposiciones principales. Luego, puedes empezar a examinar cada una de ellas y decidir objetivamente si son razonables o no.

Pregúntate si tus creencias básicas son razonables, si son verdaderas y si otras personas tendrían las mismas creencias. También sería útil preguntarte si puedes dejar de lado esa creencia y cómo afectaría tu vida hacerlo.

También puedes hacer una lista de los aspectos más importantes de tu vida, como el trabajo, la familia, las amistades, la estabilidad financiera, etc. Y luego, evalúa cómo es tu creencia central en cada uno de esos aspectos. Toma "Soy infeliz" por ejemplo, si observas todos los aspectos que enumeraste, ¿dirías que no estás contento en todos esos aspectos? Tal vez tengas un buen trabajo que te guste y te apasione, o tal vez tu familia sea muy solidaria y cariñosa, incluso puede que lograras equilibrar tu puntaje crediticio e hiciste el último pago de tus préstamos estudiantiles. Si ese es el caso, ¿puedes realmente decir que no estás contento con tu trabajo o con tu familia? ¿Lograr la estabilidad financiera te hace sentir infeliz? Claramente, la respuesta es no. Esto te llevará a reevaluar tu creencia central y te darás cuenta de que no es cierto en absoluto. Incluso si tienes dificultades con uno de tus amigos, por ejemplo, aún puedes obtener felicidad, satisfacción y alegría de los otros aspectos de tu vida. Este enfoque te ayudará a ajustar tus creencias básicas en el lapso de unas pocas semanas y te ayudará a mejorar los aspectos de tu vida que sientes carentes al identificarlos y comenzar a abordarlos.

Si tu creencia central aún se mantiene firme después de haber intentado hacer lo que mencionamos anteriormente, intenta usar "Experimentos conductuales". Esta poderosa técnica requiere que tengas una comparación entre tu creencia central disfuncional y otra creencia central más razonable y saludable que preferirías mantener. Tomas una de tus creencias centrales, como "No queda nada bueno en el mundo" y la cambias por otra como "Estos son tiempos difíciles, pero todavía queda algo bueno en el mundo" y presta atención a las señales que confirmen esta última creencia, como que las personas se ayudan mutuamente o alimentan animales callejeros o recaudan fondos para los menos afortunados. Hacerlo como si fuera un experimento te ayudará a distanciarte lo suficiente de tus propias creencias y te permitirá ser objetivo e imparcial al examinar las creencias básicas y evaluar si son verdaderas o no. También puedes tener algunas dificultades y estos experimentos pueden resultar en evidencia que realmente reforzará tus creencias básicas disfuncionales, por lo que sería mejor si lo haces con la guía de un terapeuta.

Filosofía y espiritualidad para cambiar las creencias básicas disfuncionales:

Las creencias básicas son el producto de experiencias personales, educación, circunstancias y cultura. Están formadas por los conceptos, enseñanzas y aspectos que vemos a nuestro alrededor a diario. Esto hace que cambiarlas sea bastante difícil ya que cada esfuerzo se ve frustrado por la exposición constante a lo que arraigó estas creencias en nosotros en primer lugar. Sin embargo, la filosofía y la espiritualidad pueden ayudarte a remodelar creencias fundamentales disfuncionales en algo más saludable y más realista.

Si bien la terapia moderna, tal como la conocemos, no existía en la antigüedad, las personas se las arreglaron para cuidar su salud mental y su estado de ánimo basándose en la filosofía y la espiritualidad. Les permitieron aliviar su estrés y lidiar con cualquier evento perturbador. De hecho, también puedes beneficiarte de ello hoy en día. La filosofía y la espiritualidad pueden ayudarte a poner las cosas en una perspectiva diferente y mostrarte una imagen más amplia. Ambas ven la esperanza, la paciencia y la perseverancia como elementos clave para una vida feliz y esto te permitirá alterar cualquier creencia poco saludable que puedas tener. Usar la TCC y combinarlo con la espiritualidad puede resultar más eficiente para ti si eres religioso y, si no lo eres, puedes combinarla con la filosofía para ampliar tus horizontes.

Se alienta a los pacientes a meditar, rezar y leer las Escrituras y los textos relacionados con su situación. Participar en actividades grupales como oraciones grupales, actividades religiosas, obras de caridad y similares, también puede ayudarte al enfocar tu atención en otras personas y aliviar parte del estrés que sientes hacia ti mismo. Sin embargo, si crees que ciertos aspectos pueden no ser útiles para ti, puede ser mejor abordarlos con cuidado. Ten en cuenta que muchos aspectos de las religiones se han malinterpretado a lo largo de los años, por lo que, si algo te hace sentir incómodo, no dudes en buscarlo y buscar una mejor comprensión de ello.

PASO 6: EL LADO CONDUCTUAL DE LA TCC

Activación conductual

Al principio del libro, establecimos el hecho de que la Terapia Cognitivo Conductual dirige los patrones de pensamiento y la conducta. Ya hemos paseado por el lado Cognitivo de la TCC y hablamos en detalle sobre los pensamientos y su impacto en las emociones, ahora es momento de enfocarnos en el lado conductual.

Para empezar, hablemos de la activación conductual. Es básicamente una estrategia que mejorará tu humor y tus emociones, redireccionando tus patrones conductuales hacia actividades positivas que disfrutes y te edifiquen. Es particularmente útil para las personas que sufren de depresión o ansiedad social y tienden a limitar su actividad y se aíslan a sí mismos. Este tipo de aislamiento puede potencialmente empeorar las cosas porque te permite estar solo con tus pensamientos durante largos períodos de tiempo, reforzando patrones de pensamiento disfuncionales y haciéndolos más difíciles de romper.

Por otro lado, la activación conductual puede aumentar tu confianza y sentido de pertenencia, haciendo que enganches con actividades significativas y útiles. Un beneficio agregado es el efecto que engancharte con estas actividades tendrá en tu salud física.

Entonces, ¿qué tipo de actividades incluye la activación conductual? La respuesta es muchas. Puedes hacer tareas cotidianas, como limpiar tu casa, cuidar tus plantas y pagar tus facturas, por ejemplo. Puede que estas no sean las más entretenidas, pero seguramente te harán sentir productivo. También puedes salir con amigos a conciertos, juegos deportivos, galerías de arte o cualquier tipo de actividad cultural. Hacer ejercicio en un gimnasio, practicar deportes o salir a correr por la mañana también son buenos ejemplos.

En caso de que sufras de ansiedad y tengas problemas con las actividades sociales, intenta comenzar con actividades que reduzcan el estrés. Arte o actividades físicas, por ejemplo. Luego, puedes avanzar gradualmente hasta llegar a situaciones que ahora sientes demasiado intimidantes. Si no sales porque sientes que no tienes suficiente energía o porque no estás de humor, solo el hecho de salir de tu casa y hacer algo te hará sentir mejor. Tendrás una sensación de logro y eso tendrá un impacto positivo en tu estado de ánimo, incluso si no disfrutaste la salida.

Lo mejor que puedes hacer cuando estés escogiendo una actividad es irte por algo que disfrutes, solías disfrutar o que piensas que podrías disfrutar. Dedica más tiempo a hacer cosas que ya haces y que te hacen sentir feliz o trata de incluir cosas que disfrutaste en el pasado pero que dejaste de hacer. Explorar actividades que te interesen también es una excelente opción, así que no dudes en explorar nuevas posibilidades.

Las actividades de servicio como voluntariado en un refugio para mascotas o en un comedor comunitario también son excelentes opciones. No solo encontrarás un sentido de propósito y autoestima a través de tales actividades, sino que piensa en el impacto que tendrás en las almas menos afortunadas.

Si en algunos días no puedes salir de tu casa, hacer tus tareas diarias, como mencionamos anteriormente, puede darte un impulso, aunque solo sea por la buena sensación de que tendrás por haber hecho las cosas y tacharlas de tu lista de tareas pendientes.

Aquí hay algunas ideas que pueden ayudarte:

Visitar a amigos y familiares.

- Aprender un nuevo idioma.
- Unirte a un club de lectura.
- Probar nuevos restaurantes y cafeterías.
- Tener una mascota y pasar tiempo con ella.
- Empezar un nuevo deporte.
- Redecorar tu casa.

Después de elegir la actividad o actividades que te gustaría probar, lo siguiente que debes hacer es incorporarlas a tu agenda. Al principio, es posible que quieras limitarte a tres actividades como máximo para no abrumarte. Luego, una vez que estés más cómodo o si logras tener más tiempo, puedes agregar cosas nuevas. Asegúrate de que tus nuevas actividades no alteren tu rutina diaria ni te causen un estrés excesivo. Hacer algo por una pequeña cantidad de tiempo todos los días, o por un período más largo una vez por semana, funciona bien. Por ejemplo, puedes descubrir que el club de música local tiene una reunión semanal todos los sábados a las 4 p.m. y dura una hora y media. También puedes descubrir que te gustaría probar la jardinería los domingos por la tarde. Y así. La parte más importante es comenzar, ¡así que asegúrate de anotarlo en tu calendario lo antes posible!

Mientras planificas tus actividades, haz una lista de los posibles obstáculos que puedas encontrar y escribe soluciones que te permitirán superarlos. Si no puedes correr porque hace demasiado calor afuera, ve al gimnasio y hazlo en una cinta de correr. Si tienes una cita con el médico el día que habías planificado trabajar en tu dibujo, toma un pequeño bloc de dibujo y un lápiz y hazlo cuando estés en el área de espera de la oficina del médico. También sería una buena idea pensar en formas que te animen a completar tus actividades, como pedirle a un amigo que te acompañe o recompensarte ordenando la cena en tu pizzería favorita. Escríbelo todo en un bloc de notas.

Exposición gradual

Esta es otra estrategia que apunta a alterar tus patrones conductuales positivamente. Su neta es ayudarte a superar las actividades que encuentras estresantes empezando con algo con lo que estás cómodo y poco a poco sacarte de tu zona de confort para hacer actividades con las que luchas al comienzo.

Podrías, por ejemplo, tener miedo a los insectos. Evitas sentarte en el césped por ese miedo y eso evita que disfrutes de la naturaleza y experimentes el mundo exterior al máximo. Necesitas hacer una lista de actividades que involucren insectos y clasificar el nivel de estrés que desencadena cada una de esas actividades. Empieza con la actividad que te hice sentir menos ansioso. Por ejemplo, puedes ver videos en YouTube sobre apicultura o colonias de hormigas. Luego, puedes ir a museos y ver colecciones de insectos. Eventualmente, podrías incluso ser capaz de sostener una mariquita o un grillo. Tómate tu tiempo con cada actividad y repítela hasta que sientas que ya no te pone ansioso o por lo menos hasta que tu nivel de ansiedad se haya reducido la mitad antes de pasar a la siguiente.

Recuerda que se supone que esté proceso sea gradual, así que no te abrumes a ti mismo empezando con algo muy estresante. Tampoco se supone que sea una experiencia traumática. Asegúrate de tomarte tu tiempo y ser paciente. Si lo necesitas, usa música y trabaja en tu respiración para mantener la calma durante la actividad. Es mejor repetir la actividad de 3 a 5 veces por semana para ver resultados positivos.

Mecanismos de defensa insanos y cómo cambiarlos

Cuando se enfrentan a una situación difícil, los seres humanos tratan de adaptarse con mecanismos de defensa que les facilitan la vida. Algunos de estos mecanismos son útiles y sanos, otros pueden ser contraproducentes. Por ejemplo, cuando lidias con la ansiedad, el ejercicio puede ser un buen escape para la energía nerviosa que estás sintiendo. Por otro lado, evitar situaciones sociales, te ayuda a limitar la exposición a situaciones estresantes, pero puede tener un impacto desastroso en tu vida social. La TCC te ayuda a apegarte a los mecanismos de defensa que te ayudan y que tienen un impacto positivo en tu humor y bienestar. Sin embargo, apunta a ponerle fin a cualquier comportamiento que pueda dañar tu calidad de vida, directa e indirectamente. Los mecanismos de defensa negativos son una perfecta excusa para ese tipo de comportamiento.

Aquí hay algunos ejemplos de mecanismos de defensa negativos:

Abuso de alcohol, narcóticos o medicación prescrita.

- Evitar la interacción social y las actividades desafiantes.
- Dormir en exceso.
- Desarrollar un desorden alimenticio.
- Salir de fiesta en exceso y mantener relaciones sexuales irresponsables.

Usualmente, la gente tiende a mantener comportamientos peligrosos, como el abuso de sustancias para un alivio a corto plazo de la sanidad con la que luchan. Estos mecanismos de defensa insanos sólo sirven para distraerte del estrés que sientes y no tienen ningún beneficio a largo plazo. Por lo tanto, tienes que encontrar qué tipo de "beneficios" cree tu mente que tienen esas actividades. Quizás te permiten evitar situaciones con las que preferirías no tener que lidiar o te dan un sentimiento de placer. Este tipo de comportamiento es común y no significa que estás dañado como persona, pero debes redireccionarlo. Identificar la razón por la que insistes en hacer estás actividades te permitirá identificar la raíz del problema y sanar el problema desde su origen. Eventualmente, este comportamiento de detendrá y será reemplazado con alternativas saludables. Además, detenerlo te permitirá enfrentar lo que te hace sentir ansiedad y eventualmente darte cuenta de que no era algo tan atemorizante como creías al inicio.

Conclusión

¡Has terminado el libro! ¡Bien hecho! Realmente espero que hagas buen uso de todo lo que has aprendido aquí.

Ahora sabes que la TCC es lo que conduce tus pensamientos y tú conducta. Has sido concientizado de que tus pensamientos se dividen en 3 niveles: pensamientos automáticos, suposiciones y creencias básicas y sabes que el patrón de pensamiento perturbador que experimentas se origina de ellos. Ahora estás mejor equipado para enfrentar estos patrones disfuncionales de pensamiento. También tuviste la oportunidad de entender mejor lo que son los pensamientos intrusivos y cómo lidiar con ellos. Te enseñamos cómo redireccionar tu comportamiento y actividades de una forma más saludable para ti.

Recuerda tomárselo con calma y ser paciente. No tengas miedo de retarte, pero sé consciente de tu bienestar. Si lo necesitas, ve lento pero seguro. El proceso de TCC definitivamente no tiene intención de empeorar ninguna condición que puedas estar sufriendo. Me gustaría hacer énfasis en qué busques ayuda de un terapeuta sólo para determinar si la TCC es la opción correcta para ti.

¡Buena suerte!

Una Última Cosa...

Si disfrutaste este libro o te pareció útil, estaríamos muy agradecidos si escribes una pequeña reseña.

Tu apoyo realmente hace la diferencia y leemos cada reseña personalmente.

Tu opinión hará que esté libro sea aún mejor.

¡Gracias nuevamente por tu apoyo!

Fuentes Citadas

2017, www.psychologytoday.com/us/blog/the-magic-human-connection/201702/how-give-persuasive-speech. Accessed 12 Aug. 2019.

"5 Ways to Shift Your Dating Mindset." The Chopra Center. N.p., 03 Apr. 2019. Web. 18 Sept. 2019.

5 Mar. 2014, www.inc.com/sims-wyeth/how-to-capture-and-hold-audience-attention.html. Accessed 12 Aug. 2019.

"Amygdala." ScienceDaily, ScienceDaily, www.sciencedaily.com/terms/amygdala.htm. Accessed 18 Aug. 2019.

Careers Go to Grow. Work It Daily | Where Careers Go to Grow, 20 Mar. 2019. Web. 06 Sept. 2019.

Connors, Adam. "The Power of the Wingman: Choose Yours Wisely; Dominate Your Next

"Dating Advice for Introverts." Millennial Dating Coach. N.p., 05 Mar. 2019. Web. 20 Sept. 2019.

David, Tim. "How to Give a Persuasive Speech." Psychology Today, Sussex Publishers, 28 Feb.

Granneman, Jenn. "Introverts: The Complete Guide to Making Friends Who 'Get' You." IntrovertDear.com. N.p., 27 June 2018. Web. 19 Sept. 2019.

"How to Read Body Language - Revealing Secrets Behind Nonverbal Cues." Fremont College. N.p., 08 Mar. 2018. Web. 10 Sept. 2019.

LeMind, Anna. "Top 10 Most Common Human Fears and Phobias." Learning Mind. N.p., 08 Aug. 2019. Web. 16 Sept. 2019.

Jashinsky, Karen. "How Exercise Boosts Inner Strength & Confidence." Work It Daily | Where

Markway, Barbara. "Why Self-Confidence Is More Important Than You Think." Psychology Today. N.p., 20 Sept. 2018. Web. 4 Sept. 2019.

Markway, Barbara. "How to Keep a Thought Diary to Combat Anxiety." Psychology Today,

Morin, Amy. "12 Ways to Improve Social Skills and Make You Sociable Anytime." Lifehack, Lifehack, 27 June 2019, www.lifehack.org/articles/communication/12-ways-improve-social-skills-and-make-you-sociable-anytime.html. Accessed 14 Aug. 2019.

Parikh, Monica. "4 Truths to Change Your Mindset About Dating." Mindbodygreen. Mindbodygreen, 14 Aug. 2019. Web. 18 Sept. 2019.

Person. "Feeling Fine? Good Night's Sleep Could Be KEY to How Confident You Feel." Express.co.uk. Express.co.uk, 19 Dec. 2016. Web. 06 Sept. 2019.

Pittsburgh Better Times Team. "Senior Living." *Pittsburgh Better Times*, 4 June 2017, www.pittsburghbettertimes.com/social-setting-ice-breakers/. Accessed 21 Aug. 2019.

Quinn, Elizabeth. "How to Overcome Performance Anxiety in Sports with Psychology."

Richards, Thomas A. "What Is It Like to Live with Social Anxiety?" Social Anxiety Institute.N.p., n.d. Web. 4 Sept. 2019.

Schulz, Jodi. "Eye Contact: Don't Make These Mistakes." MSU Extension. N.p., 02 Oct. 2018. Web. 05 Sept. 2019.

"S.M.A.R.T. Goal Setting: SMART: Coaching Tools: YourCoach Gent." S.M.A.R.T. Goal Setting | SMART | Coaching Tools | YourCoach Gent. N.p., n.d. Web. 05 Sept. 2019.

Smith, Jacquelyn. "6 Easy Ways to Remember Someone's Name." Forbes. Forbes Magazine, 07 Apr. 2013. Web. 10 Sept. 2019.

Smith, Melinda. "Social Anxiety Disorder." HelpGuide.org, 13 June 2019, www.helpguide.org/articles/anxiety/social-anxiety-disorder.htm. Accessed 3 Sept. 2019.

Social Event!" NetWorkWise, 6 Mar. 2019, www.networkwise.com/the-power-of-the-wingman-choose-yours-wisely-dominate-your-next-social-event/. Accessed 23 Aug. 2019.

"Speechwriting." *Writing with Writers: Speech Writing - Tips from the Pros*, teacher.scholastic.com/writewit/speech/tips.htm. Accessed 12 Aug. 2019.

Steber, Carolyn. "11 Low-Key Date Ideas All Introverts Will Love." *Bustle*. N.p., 1 June 2018. Web. 19 Sept. 2019.

Sussex Publishers, 13 Apr. 2014, www.psychologytoday.com/us/blog/shyness-isnice/201404/how-keep-thought-diary-combat-anxiety. Accessed 18 Aug. 2019.

"This Is How to Overcome Social Anxiety: 5 Powerful Tips Backed by Research." Barking Up The Wrong Tree, 23 Oct. 2016, www.bakadesuyo.com/2016/10/how-to-overcome-social-anxiety/. Accessed 13 Aug. 2019.

Verywell Fit, Verywell Fit, 24 June 2019, www.verywellfit.com/sports-psychology-for-performance-anxiety-3119436. Accessed 13 Aug. 2019.

Wagner, Kathryn Drury. "20 Affirmations for Public Speaking with Ease." *Spirituality & Health - The Soul | Body Connection*, 25 Apr. 2016, spiritualityhealth.com/articles/2016/04/25/20-affirmations-public-speaking-ease. Accessed 12 Aug. 2019.

Wyeth, Sims. "10 Ways to Keep an Audience Hanging on Your Every Word." Inc.com, Inc.

Zawila, Steven. "How to Go on an Awesome First Date as an Introvert." IntrovertDear.com. N.p., 04 June 2018. Web. 20 Sept. 2019.

www.ingramcontent.com/pod-product-compliance
Lightning Source LLC
Chambersburg PA
CBHW071956110526
44592CB00012B/1105